高等职业教育高速铁路客运乘务专业系列教材

高速铁路客运乘务形象塑造

刘　峥　黄　丽　主编

中国铁道出版社有限公司

2024年·北　京

内 容 简 介

本书为高等职业教育高速铁路客运乘务专业系列教材之一，主要包括高速铁路客运乘务人员形象塑造基础知识、高速铁路客运乘务人员妆容塑造、高速铁路客运乘务人员发型塑造、高速铁路客运乘务人员着装塑造、高速铁路客运乘务人员语言形象塑造等五个项目。本书采用项目—任务式的编写体例，每个项目包含若干个任务，每个任务包含任务引入、知识准备、任务训练三部分内容，符合现代职业教育发展和教、学、做一体化的要求，便于实现学生学习理论知识和掌握相关岗位作业技能同步进行，达到理论与实践紧密结合的教学效果。

本书适合作为高等职业院校高速铁路客运乘务专业及相关专业教材，也可供从事高速铁路客运相关工作的职工参考、学习。

图书在版编目(CIP)数据

高速铁路客运乘务形象塑造/刘峥，黄丽主编. —北京：中国铁道出版社有限公司，2021.12(2024.7 重印)
高等职业教育高速铁路客运乘务专业系列教材
ISBN 978-7-113-28564-7

Ⅰ. ①高… Ⅱ. ①刘… ②黄… Ⅲ. ①高速铁路-客运服务-乘务人员-礼仪-高等职业教育-教材 ②高速铁路-客运服务-乘务人员-造型设计-高等职业教育-教材 Ⅳ. ①U293.3

中国版本图书馆 CIP 数据核字(2021)第 237397 号

书　　名：高速铁路客运乘务形象塑造
作　　者：刘　峥　黄　丽

责任编辑：悦　彩　　**编辑部电话：**(010)51873206　　**电子邮箱：**sxyuecai@163.com
封面设计：王镜夷　高博越
责任校对：安海燕
责任印制：高春晓

出版发行：中国铁道出版社有限公司(100054，北京市西城区右安门西街 8 号)
网　　址：http://www.tdpress.com
印　　刷：三河市宏盛印务有限公司
版　　次：2021 年 12 月第 1 版　2024 年 7 月第 2 次印刷
开　　本：787 mm×1 092 mm 1/16　**印张：**8.75　**字数：**213 千
书　　号：ISBN 978-7-113-28564-7
定　　价：28.00 元

前言

PREFACE

高职教育的培养目标是培养合格的高技能人才，即从事生产、建设、管理、服务工作的高素质技能型人才。原有的职业教育体制没有区分出科学研究型教育、工程设计型教育和职业技能型教育的特点，均以学科化讲授式的教育方式育人，导致学生的个性发展与未来岗位对其要求难以吻合，职业教育培养出的人才需要在企业重新接受现场培训后才能上岗，且职业能力和职业素养参差不齐。为此，我国高职教育在借鉴世界职教先进国家的教育经验，特别是近年对德国职教理念进行较为深入的研究后，走上了一条具有中国特色的改革之路。改革的主导思想是：以岗位工作的各项要素为基础，以典型工作任务为整合能力目标和知识点组织教学内容，注重学生运用知识和解决问题、自我发展能力的培养；以任务驱动、项目导向的教学方式替代原有的以课堂知识讲授引领的教学形式，强调学生职业岗位工作任务的胜任度。

高职专业是对社会职业的概括和提炼，高速铁路客运乘务专业服务于铁路行业高素质服务人才培养的需要。本教材遵循职业教育教学规律，其内容以满足行业发展对高素质技能型人才的需求为出发点，做到“实用、适用”；内容选取结合企业实际工作任务中知识、能力、素质要求，与行业从业标准对接。

全书由五个项目构成，首先介绍高速铁路客运乘务人员形象塑造基础知识，然后分别从高速铁路客运乘务人员妆容塑造、发型塑造、着装塑造、语言形象塑造等四个方面进行综合阐述。本书依据铁路企业对高速铁路客运乘务人员职业形象的要求规范进行编排，力求脉络清晰，循序渐进，在编写体例形式上进行了创新，目标定位准确；以真实岗位工作任务为基础设计训练项目，每个项目均设计了综合性的实训内容，以突出实训内容为主，并详细设计与之对应的训练内容和效果评价，既便于强化学生对知识的理解和技能的掌握，也利于教师扩展发挥，选用和参考。

本书具有以下特色和创新：

1. 教学设计突出系统性。本教材依据用人单位对高速铁路客运乘务员岗位的职业形象要求，通过对职业形象所涉及的内容进行系统、全面地训练，促使学生能够发现美，欣赏美，创造美。

2. 教学活动突出实践性。强调“做中学”，试图通过强化训练来帮助学生养成良好的行为习惯，提升自身的外在形象。

3. 教学内容体现职业性。在教学内容的选取和能力训练的设计上，强调高速铁路客运乘务人员在职场中应具备的要求，让学生提前对职场有所了解，感受职场氛围，促使学生能够严格按照职场的行为规范要求自己。

4. 训练方法多样性。训练内容尽量做到三结合，即课堂教学与课外活动相结合，理论指导与小组行动相结合，个人训练、小组训练与班级训练相结合。

5. 可操作性强。注重“实用、适用、够用”，以能力训练为主，强调行动导向，通过针对性的训练，让学生在每个实训环节掌握相关技能，真正做到“有趣、有用、有效”。

本书由西安铁路职业技术学院刘峥、南京铁道职业技术学院黄丽任主编，西安铁路职业技术学院史歌、田乐任副主编，西安铁路职业技术学院魏宝红、中国铁路西安局集团有限公司西安北车站职教科姚扣仙参与编写。具体编写分工如下：史歌编写项目一，黄丽编写项目二，刘峥、魏宝红编写项目三，刘峥、姚扣仙编写项目四，田乐编写项目五，刘峥编写附录。

同时，中国铁路西安局集团有限公司西安客运段豆欣，西安铁路职业技术学院商乐同学担任了本书图片资料的模特，西安铁路职业技术学院郭惠宾同学承担了图片资料的拍摄工作。全书由中国铁路西安局集团有限公司西安北车站副站长杨晓军进行了审定。

在本书的编写过程中，得到了西安铁路职业技术学院徐小勇教授、申红副教授、赵岚教授的诸多帮助和指导，得到了中国铁路西安局集团有限公司西安北车站的大力支持，并提出宝贵意见和建议。在此，向他们致以衷心的感谢！

在本书的编写过程中，我们还参考并吸收了国内外大量的文献资料，在此对这些作者表示衷心的感谢。

虽然对书中内容进行了反复推敲，但仍可能存在疏漏和不足之处，敬请读者批评指正。

编　者

2021 年 8 月

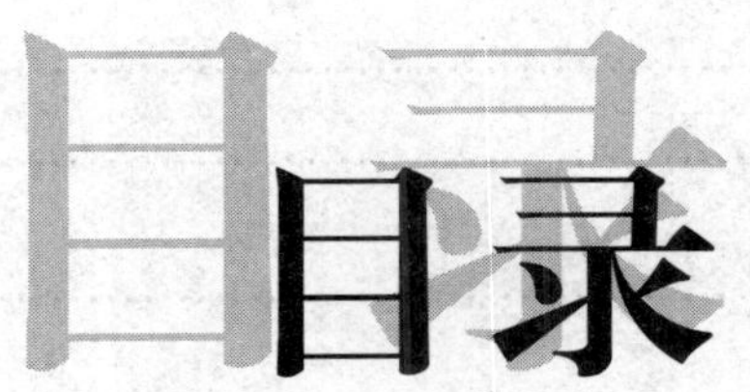

目录 CONTENTS

项目一　高速铁路客运乘务人员形象塑造认知

学习目标

1. 知识目标

● 理解形象塑造的基本概念和内涵

● 掌握形象塑造的原则

2. 能力目标

● 能将形象塑造的原则、内容、构思相结合，应用到高速铁路客运乘务人员职业形象塑造中

3. 素质目标

● 培养形象塑造生活化的意识

● 能够在生活中发现美、欣赏美、创造美

典型工作任务一　形象塑造的基础认知

任务引入

高速铁路客运乘务人员形象并不是简单的外表长相和穿衣打扮，而是通过在工作岗位上给旅客全面的展现，给旅客以整体的、秀外慧中的印象。良好的职业形象能够展示出高速铁路客运乘务人员的自信、尊严、力量、专业水平和能力，是事业成功的必备素质。本任务内容阐述形象与气质的关系、形象塑造的原则和基本内容，从而对如何塑造良好的职业形象具备一定的基础认知。

请思考：

1. 形象与气质的关系如何？

2. 个人形象是否对职业(事业)发展有影响？

知识准备

一、形象与气质

(一)形　　象

“形象”主要指一个人仪容仪表的具体外在表现，《辞海》中对“形象”的定义是：

(1)指形体、形状、相貌。

(2)指文学艺术区别于科学的一种反映现实的特殊手段，即根据现实生活各种现象加以选择、综合所创造出来的具有一定思想内容和审美意义的具体生动的图画。

由此可见，“形象”的含义具有广义和狭义两种。广义的“形象”是指人和物，包括社会的、自然的环境和景物。狭义的“形象”则专指人而言，指具体个人的形体、相貌、气质、行为以及思想品德所构成的综合整体。形象是一种抽象的东西，它是对事物形状、性质、状态的抽象化概念，是一种和评价相关联的观念状态。

图 1-1　高速铁路客运乘务员的形象

人类的形象是一个整体工程，它体现在五官、皮肤、身材、体型等自然条件上，同时又可以通过发型、化妆、服饰等形象上的设计与包装，进一步将内在美与外在美进行完美的结合，体现人体美的整体性和协调性。形象表现的不仅仅是人的外貌上的美观，还需要考虑职业、年龄、身份、场合等因素，表现出与诸多因素相吻合、相适应的美感。高速铁路客运乘务员的形象展示如图 1-1 所示。

(二)气　　质

“气质”也是指人的有关外部行为、形态所传递的信息，人们的感官可以捕捉到，但不如形象那么具体和直接。“气质”一词在《现代汉语词典》中的解释是：

(1)指人的相对稳定的个性特点，如活泼、直爽、沉静、浮躁等，是高级神经活动在人的行动上的表现。

(2)指人的风格、气度。

美学中对气质的定义是：所谓气质，指的是一个人的风格、风度和风貌等。

气质的类型是多种多样的，如有的人性格开朗，博学多才，风度潇洒大方，表现出聪慧的气质；有的人性格沉稳，谈吐不凡，风度温文尔雅，表现出高雅的气质；有的人性格直率，心直口快，风度豪放雄健，表现出粗犷的气质；有的人性格温柔，轻言细语，风度端庄秀丽，表现出恬静的气质等。各种气质，均由每个人所处的不同环境及其心理素质、所受教育的不同或是长期的生活、工作习惯等因素所决定的。

(三)气质与形象的关系

形象是视觉能捕捉到的东西，能用高大、矮小、靓丽、丑陋、整洁、猥琐、清纯、成熟等词语来形容，是很直观的。气质不像形象那样直观，是通过人的仪容仪表、言谈举止等所传递的一种特殊的感觉，“它是人们在心理活动时或行为方式上表现出来的动态心理特征”，人们很难用确切的形容词语来界定，但在现实生活中，人们总是在不知不觉中关注着它，评价着它，追求着它，塑造着它并体现着它。

气质与形象的美，在人的外部表现上是相辅相成的，形象的好坏直接影响到气质的表现。但形象的好坏有时对气质不一定会起到决定性的作用，“人不可貌相”说的就是这个道理。

气质是高于形象的，它除了体现外表的美感外，还表现在举手投足、谈吐修养等诸多细节之中。内在气质和心态，有相当一部分反映在外在仪表上，要有好的仪表美，必须经过良好的教育与训练，如果说长相是“硬功夫”的话，那么体态、姿态等方面的修养是一种“软功夫”，有时，姿态和举止比穿衣打扮更能体现一个人的气质。仪表美不全靠长相，还有赖于服饰和妆饰，有赖于身体的姿态和举止，这些都是构成外在形象和气质的主要因素，也是体现一个人综合文化素质的一部分。高速铁路客运乘务员的气质与形象的展示如图 1-2 所示。

二、职业形象

(一)职业形象的概念

每一个职业都会有特定的职业形象，职业形象是指社会、公众对特定职业及其从业人员在职业活动中显现出的外在仪表、职业能力、从业操守的综合评价。职业者的内在素质无论多高，自我感觉表现如何好，都不能成为职业形象定位的决定性因素；只有公众通过从业者表现在外的语言、动作及服饰等外部特征对其做出判断和评价，才能形成对特定职业的总体评价——职业形象。因此，职业形象是特定职业群体在公众心中形成的特定性、标志性的精神面貌和性格特征，是通过职业活动中人的仪表、行为、操守表现出来，为人们所感知的特定标识，其本质是对特定职业的社会评价。

(二)职业形象的标识系统

职业形象是表现在外的精神面貌(图 1-3)、性格特征，对于那些特征可以作为典范的标识构成特定职业形象的要素，学者们对此有不同的观点：

①二标识说，主要有职业道德和职业技能说、职业精神面貌和职业行为特征说、外在结构和内在结构说。

②三标识说，主要有仪表仪容、行为语言、思想说；职业形象、工作形象、人格形象说；真、善、美"三要素论"。

③四标识说，主要有职业精神、职业理念、职业行为规范、职业道德伦理规范说等。

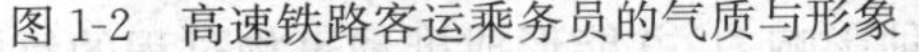

图 1-2　高速铁路客运乘务员的气质与形象

图 1-3　高速铁路客运乘务员良好的精神面貌

在界定职业形象的标识时既要系统，又要相对简单化，以便于塑造良好的职业形象。基于这样的理念，职业形象一般可由仪表、职业能力、职业操行三个要素作为系统性评价的标识。"仪表"是职业人外在的形象，包括穿着、气质、言谈、举止等。必须承认，无论我们认为以外表衡量人是多么肤浅和愚蠢的观念，但社会上的一切人都每时每刻在根据你的服饰、发型、手势、声调、语言等自我表达方式在判断着你。实践证明，成功的形象能展示人们的自信、尊严、力量、能力和权威，使人们在职场上有更专业的表现和更高的效率。"职业能力"，即从事职业活动的各种能力，包括语言表达能力、思维能力、服务能力、创新能力、获取信息的能力、分析问题解决问题的能力等。而职业素质通常指职业者内在的知识和能力，一个人内在素质无论多优秀，多有才华，如果不在职业活动中体现为优秀的职业能力，那么别人不会知道你的存在，你就不可能成功！因此，形象很重要，但以内涵为后盾的形象才能持久。“职业操行”，即职业活动中遵守的伦理道德、职业精神等。

三种标识要素紧密相连，良好的穿着打扮应当与自己的职业与职业环境相适应，以获得服务对象的认同，进而成为显示职业能力的前提。良好的职业形象归根结底还得依靠职业能力。职业能力是职业形象的核心标识。而职业操行则决定职业工作能力的目标和价值取向，决定职业能力为谁工作、怎样服务的问题，因此，职业操行是职业能力的统帅。

（三）良好职业形象的功能

1. 引起注意

“由于人类是一种视觉占主导的动物，因此人们对事物的印象，源于自己之所见。外表在个人印象中占50%——种族、年龄、性别、身高、体重、肤色、形体语言、穿着和打扮。另外，说话的声音和方式则占个人印象的38%，而信息或说话的内容仅占7%。”因此，形象与注意之间有正相关关系。而注意是人类认识活动过程的开始，某特定认识对象只有进入人们的注意领域，才可能为人们开始进一步的认识，乃至最后接受。因此，职业形象如何，直接关系到能否引起对象的注意，如著名时装设计大师香奈尔所说：“当你穿得邋邋遢遢时，人们注意的是你的衣服；当你穿得无懈可击时，人们注意的才是你。”

2. 便于沟通

任何职业活动实质都是人与人传递信息、交流思想与情感的沟通活动，而影响人们沟通的因素（从职业活动者的角度来说），主要有职业者使用的传播技术、态度、知识程度，包括语言表达能力、思考能力、手势、表情、自信、尊重对方、丰富的知识、社会经验等，这些要素综合起来，就是良好的职业形象。如果职业形象不佳，如盛气凌人、虚伪，不仅不能给交往对象带来美，而且让交往对象对职业者和职业活动产生排斥、逆反心理。而良好的职业形象能够拉近交往者之间的心理距离，给交往对象带来美的享受，让交往对象身心愉悦，交往对象也会更认同和接受职业活动。所以，只有“强化职业形象”，“才能消除逆反心理产生的诱发因素”。

3. 建立公信力

公信力，即公众对职业的信任程度。职业形象直接关系到职业的公信力，商业心理研究表明，“人与人之间沟通所产生的影响力和信任度语言、语调和形象三个方面的重要程度依次为：语言占7%，语调占38%，视觉（形象）占55%”。所以，良好的职业形象更易引起公众对该职业活动的信任，从而认同和接受该职业活动。否则，公众就会拒绝。

4. 实现职业目标

“人的形象在人与人的相互关系中施加了一种影响力，并能形成推动事物过程的氛围。”良好的职业形象可以消除心理隔阂，建立沟通与信任，由此才能更好地实现职业目标。

高速铁路乘务的职业形象，是旅客通过视觉、听觉、触觉、嗅觉等各种感觉器官，在旅客大脑中形成的关于乘务人员仪容、仪表的整体印象。人的意识具有主观能动性，旅客对乘务人员形象的良性感知，会对后续的服务过程产生积极的影响；反之，旅客对乘务人员形象的不良感知，也会对后续的服务过程产生消极的影响。

在高速铁路乘务服务中，乘务人员作为核心要素，温文尔雅而充满活力的职业形象不仅会给旅客留下美好的"第一印象"，而且这种印象会持续留在后续的服务沟通中，使服务过程更加流畅和谐。高速铁路乘务人员的形象之所以发挥着这么重要的作用，是因为"形象"是个信息源，它所发出的各种信息都是有特定价值和含义的，至少对信息接收者是如此。高速铁路乘务人员的内心世界、职业道德、礼仪修养水平也必然在服务中有所流露。因此，在自身的修炼过程中，要正确认知形象，理解形象的内涵、认知形象的作用，追求个人形象的表征与旅客所感知的形象的统一，树立高速铁路乘务人员的完美职业形象。

三、高速铁路服务的"首因效应"

受高速铁路运行时间的限制，乘务人员与旅客的接触属于"短暂型""非连续接触型"。多数情况下，旅客和乘务人员只有几次目光"接触"与简单的行为接触的机会，对乘务人员的认识只是不连续信息的综合，甚至一次或两次接触的信息就成为判断的依据。这使得我们需要认真审视展现在旅客面前的形象：以什么样的形象展现在旅客的面前，才能树立良好的个人与高速铁路形象，有利于服务工作地顺利开展。

(一)首因效应的定义

首因效应，也称为第一印象作用，或先入为主效应。首因，是指首次认知客体而在脑中留下的"第一印象"。首因效应，是指个体在社会认知过程中，通过"第一印象"最先输入的信息对客体以后的认知产生的影响作用。

(二)首因效应的理论解释

首因效应本质上是一种优先效应，当不同的信息结合在一起的时候，人们总是倾向于重视前面的信息。即使人们同样重视了后面的信息，也会认为后面的信息是非本质的、偶然的，习惯于按照前面的信息解释后面的信息，即使后面的信息与前面的信息不一致，也会屈从于前面的信息，以形成整体一致的印象。

第一印象，是在短时间内以片面的资料为依据形成的印象，心理学研究发现，与一个人初次会面，45 s 内就能产生第一印象。这一最初的印象对他人的社会知觉产生较强的影响，并且在对方的头脑中形成并占据着主导地位。在生活节奏快速的现代社会，很少有人会愿意花更多的时间去了解、证实一个留给他第一印象不美好的人。

尽管有时第一印象并不完全准确，但第一印象总会在决策时，在人的情感因素中起着主导作用。在高速铁路服务中，可以利用这种效应，展示给人一种极好的形象，为高速铁路的健康发展打下良好的基础，这就需要我们加强在谈吐、举止、修养、礼节等各方面的素质培养，否则会导致另外一种效应的负面影响。

(三)首因效应在高速铁路服务中的实践意义

1. 高速铁路乘务人员必须具备良好的形象

首因效应告诉我们：第一印象是在瞬间形成的，是在非理智与经验的基础上形成的，而且不易改变，人们最初获得的第一信息会左右对后来获得的新信息的解释。

高速铁路乘务人员在公众心理上的固有定位就是美丽的化身，而且是集内慧外秀于一体的美丽(图 1-4)。

图 1-4 高速铁路客运乘务员内慧外秀的美

但每一个体具有差异性，在旅客面前的印象也就各不相同。作为一名优秀的高速铁路乘务人员，除了在日常工作中十分注意自身的形象外，更必须为每一批旅客树立良好的第一印象，即必须在迎接每一批旅客的瞬间给旅客留下美好的第一印象。这就要求高速铁路乘务人员在学习阶段，加深对形象内涵的认识，加强职业形象的塑造，特别是要善于发现自身形体的缺陷，纠正不良的体态、仪态习惯，通过各种训练提高形体的延伸性、柔韧性和内在思想的形体表现力，从行为细节入手，注意优良体态、仪态与礼仪的养成，为在旅客心目中建立美好的第一印象做好充分的心理与仪态、仪表准备。

2. 良好的第一印象是服务成功的一半

第一印象对高速铁路列车车厢和车站服务进程有着很大影响，如果能在第一印象中为旅客留下良好的印象，高速铁路乘务人员一切行为就会被赋予好的品质，以后的工作就会起到事半功倍的效果。反之，不良的印象必将影响旅客的情绪，不论后续服务工作如何努力，旅客的不快情绪都很难消除。所以，高速铁路乘务人员需要塑造良好的形象，在第一时间给旅客良好的印象。

高速铁路乘务人员和旅客的接触与平时人们社交时的接触有着明显的不同，其特点是瞬间性、即兴性和因事而引发的接触。比如，上车过程中，旅客对迎宾的高速铁路乘务人员仅仅是匆匆一瞥，留下的仅是模糊而笼统的感觉，但那一瞬间，旅客能从高速铁路乘务人员的体态与眼神中体会出高速铁路乘务人员是否真诚、可亲。即使在整个行程中，旅客有机会与高速铁路乘务人员进行更为深层次的接触，从高速铁路乘务人员穿梭的身影和简单的交流中去捕捉高速铁路乘务人员内心感受的信息，但初期的印象很难磨灭；而且在服务的进程中越发体现出初期印象的积极作用，由于各种原因导致的服务失误，甚至产生冲突而需化解矛盾时，就离不开形象的影响力。因此，塑造以整体感染力为基础的、以亲和力为核心的良好形象，也就必然成为培养优秀高速铁路乘务人员最基本的内容。

3. 良好的形象可以增加高速铁路乘务人员的感召力

感召力亦称“领袖气质”，在社会学中是指个人具有的一种人格特质，尤指那种神圣的，鼓舞人心的，能预见未来、创造奇迹的天才气质。具有这种气质的乘务人员对旅客具有吸引力并受到拥护，使旅客对周围环境有“认同感”，容易创造良好的高速铁路车厢和车站氛围。在高速铁路乘务人员的岗位职责中，一项很重要的责任就是行使对高速铁路列车车厢和车站的组织与管理责任，包括对旅客的管理，因此，只有高速铁路乘务人员具有感召力，才能获得旅客的相信和依赖，在紧急情况下听从指挥，使高速铁路列车车厢和车站状态处于掌控之中。感召力来源于多个方面，除了性格方面的因素外，个人的气质修养是不可缺少的，举止优美、行为端正、亲和友善的高速铁路乘务人员才能为旅客所认可。从乘务服务的特点看，旅客对高速铁路乘务人员的感受是短暂而肤浅的，服务过程中，高速铁路乘务人员需要通过表情、眼神、举止传递一种坚定的信念，形成感召力。这种力量给人以安全放心的心理暗示，旅客对高速铁路乘务人员的依赖感、放心感胜过服务本身。因此，服务过程也是高速铁路乘务人员影响乘客心理的过程。谁能在第一时间获得良好的评价，取得旅客的信任，乘务服务的顺利开展就成功了一半。

4. 主动塑造首轮效应的积极因素

塑造良好的形象是个长期细致的工作，不能一蹴而就。尽管每个人先天条件各不相同，各有优势，但通过后天的培养都可给旅客留下良好的第一印象。这就需要端正心态，从基本形体的塑造开始，改造自己身上不良的体态弊端，形成良好的仪态习惯；加强谈吐、举止、修养、礼节等各方面的修养,全面提升内在素质;通过内外兼治的礼仪风范的培养、文化积累与处事原则的熏陶,逐渐形成良好的仪表风度:端庄秀丽的仪态、举止优雅的行为以及舒展而充满内涵的礼仪风范。

四、高速铁路乘务职业形象定位

在服务过程中,高速铁路乘务人员究竟应该怎样进行形象定位呢?高速铁路乘务人员的形象是一种特殊的、不可替代的高速铁路服务要素,它影响着服务的过程、感染着旅客的心理,影响旅客的内心的感受。可以说,离开了"高速铁路乘务"这一活跃的基本形象要素,谈起高速铁路服务必定索然无味;而没有优雅的行为举止,高速铁路服务也无法在更高层次上为人们所认可。在具备基本形象的基础上,高速铁路乘务人员需要"心""形"结合,才能以完美的整体形象去适应高速铁路乘务职业的客观要求。在高速铁路服务的人文系统中,高速铁路乘务人员应有如下具体的形象定位:

(一)展示性定位

在任何一个组织中,人既是不可或缺的,又是最活跃的决定要素,代表着组织的形象。高速铁路通过提升高速铁路乘务形象来打造其服务品牌,也正是高速铁路乘务人员的良好形象,使得人们更关注高速铁路服务。

高速铁路乘务人员展示着高速铁路的服务形象。这种展示,不仅在于高速铁路乘务人员本身,而且在于高速铁路乘务人员的形象就是高速铁路的标志,乘务人员的身上聚集着高速铁路的文化要素、服务理念、对待乘客的态度。高速铁路乘务人员是接触旅客的最前沿人员,服务过程中所代表的形象更直接、更鲜明、更全面,因此,"由乘务人员看高速铁路"不失为社会公众评价高速铁路的思维方式。

良好的展示能力是高速铁路乘务人员的基本素质。在客观上要求乘务人员具备展现高速铁路良好形象的能力,如果自己展示能力不足,势必影响高速铁路的整体形象,也必然影响服务质量。所以,如果有志成为高速铁路乘务人员,必须要塑造自己良好的形象。

因此,高速铁路乘务人员在自身的成长过程中,需要通过学习来不断地提升修养,通过训练展现自身的表现力与人格魅力。需要注意的是:乘务工作的展示不是表演,更不是"自我欣赏",而是服务的有机组成部分,是"服从"旅客意志的至高境界。高速铁路在选择乘务人员时,通常不会选择"个性张扬、傲气十足"的参聘者,服务的展示性必须服从服务的和谐氛围,是高速铁路的价值、理念、态度的表现形式。

(二)感染性定位

心理研究表明:环境氛围越具有感染力,人的行为越容易受到引导,人的行为也越与所处的场合协调。人之情感的最大特点是容易受到"环境"氛围的影响,"触景生情""情不自禁"就是对人的情感特征的贴切描述。高速铁路服务中,乘务人员与旅客的接触是短暂的,而且是非连续的过程,高速铁路乘务人员对个体旅客的服务过程往往只是瞬间之举,而这一瞬间传递的信息强度越大、内容越丰富,旅客的行为就越容易受情感的支配,服务也就越顺畅,旅客的心理体验越深刻。感染力与人的外在条件有关,但不是必然,而主要来源于由内而外、由外及里的聚合过程,俗话说"美丽养眼,内慧养心",其中的养心就是感染力所致。

所以,感染力是一个人的"心境"所致,通过陶冶与修养形成,通过优美的仪容仪表和恰当的言谈举止充分地表达内心世界。塑造了高速铁路乘务人员的感染力，是拉近与旅客的距离、减少旅客的戒备心理的重要因素。亲和、端庄、雅致能填平与旅客之间的距离，减少服务的障碍。

(三)信任性定位

信任感是一个人被他人敬佩、敬仰、认可的程度，是客体对主体行为内涵的判断与接受程度。信任是人类一切交往的根本，从服务的角度看，当一个人可信度高，就会增加服务对象的配合的主动性，提高服务者言行的权威性，有利于服务目标的预期实现。所以，增加服务人员的可信任感是十分必要的。一般而言，信任感来源于被信任者传递的信息品质，而所传递的信息来自三个主要方面：第一，内在信息，信息传递者的真诚、修养以及内心品质；第二，形式信息，信息传递者的体态、仪容以及气质；第三，动态信息，仪态端庄、精神高昂、礼仪规范、行为干练。

高速铁路服务过程中，应重视表现性信息的质量，因为服务过程短暂性与非连续性的特征，使得服务者与被服务者之间缺乏深层次接触的机会，具有表现性特征的信息对建立信任的作用更加明显。因此，高速铁路乘务人员应该通过自身端庄的仪容仪表和行为语言使旅客感受到“我们是旅客可以信赖的一名高速铁路乘务人员”。

(四)服务性定位

高速铁路乘务人员的形象对高速铁路起着服务增值的作用。从服务的本质看，高速铁路乘务人员作为服务员的基本定位贯穿于服务的始终，满足旅客的要求是高速铁路乘务人员的天职。这就要求服务者的形象与服务者的角色一致；服务者所表现出来的行为与服务者的行为要求的特质一致；要求将高速铁路乘务人员服务角色的定位贯穿始终，牢牢树立服务意识与正确的服务观，培养对服务、对旅客以及对高速铁路企业的感情，淡化个人的表现主义倾向，提倡崇尚服务的美德。

(五)多变性定位

服务的最大特点就是不确定性，在高速铁路乘务服务中，每个高速铁路乘务人员需要准确地认识旅客群体，并进行管理；对不同旅客采取个性化服务；实现高速铁路乘务人员之间的良好合作等。高速铁路乘务人员的多种责任也决定其自身的多变角色：有时是高速铁路列车车厢和车站的管理者；有时是旅客的服务者；有时又是旅客的亲人、陪护呵护者。而履行不同角色的责任时，需要为不同的角色赋予相应的内涵与特质，通过形象定位的转变去适应职业角色多变性的要求。

灵活性与应变能力是服务过程的灵魂。在服务中，高速铁路乘务人员扮演的角色转换没有固定的模式可循，一名优秀的高速铁路乘务人员必须具备多种优秀品质，才能适时完成随机转换。在高速铁路乘务人员职业形象与职业素养训练中，要挖掘不同角色的内涵与表征，以服务为灵魂，铸就学生对不同角色的适应性。

(六)美化性定位

端庄秀丽、仪容得体、举止大方的高速铁路乘务人员不仅是服务的提供者，也是高速铁路列车车厢和车站环境的要素之一，高速铁路乘务人员的形象要与车厢和车站环境的氛围一致：温馨、秀雅、可信。因此，高速铁路乘务人员的仪容仪表和言谈举止要做到：把对旅客的尊敬体现在举手投足之间；以柔美贯穿始终，把对旅客的关爱体现在艺术性节奏中；神情关注而专一，行为到、眼神到，通过眼神传递对旅客的尊敬与关爱之情。优秀的高速铁路乘务人员每一个动作都具有艺术性，给旅客一种享受。而如何使言谈举止、行为规范更具美感，这就要求在学习中注重艺术培养，塑造高雅、亲和、内敛的气质。

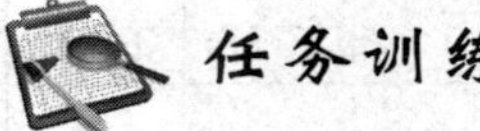

任务训练

一、场景设计

(一)实训目的和要求

1. 认识自己的气质类型，理解心理活动或行为方式均受气质养成影响。

2. 客观填写气质类型测试量表(表 1-1)，时间控制在 10 min 内。

3. 测试学生职业形象塑造能力的当前水平，找出不足，促使后续改进。要求进行自我分析、同学之间相互分析个人形象方面优缺点，每人都写出期望达到的目标。

(二)实训内容

请认真阅读气质类型测试量表中各题.您认为非常符合自己情况的计“+2”，比较符合的计“+1”，一般的计“0”，比较不符合的计“−1”，完全不符合的计“−2”。

二、实训步骤

(一)实训前准备

1. 气质类型测试量表。

2. 自拍照片一张。

(二)实　训

1. 气质类型测试

(1)填写气质类型测试量表(表 1-1)。

表 1-1　气质类型测试量表

序号	测试题目	非常符合	比较符合	一般	比较不符合	完全不符合
1	做事力求稳妥，一般不做无把握的事					
2	遇到可气的事就怒不可遏，想把心里话全说出来才痛快					
3	宁可一个人干事，不愿很多人在一起					
4	到一个新环境很快就能适应					
5	厌恶那些强烈的刺激，如尖叫、噪声、危险镜头等					
6	和别人争吵时总是先发制人，喜欢挑衅别人					
7	喜欢安静的环境					
8	善于和别人交往					
9	善于克制自己感情					
10	生活有规律，很少违反作息制度					
11	在多数情况下，情绪是乐观的					

续上表

序号	测试题目	非常符合	比较符合	一般	比较不符合	完全不符合
12	碰到陌生人觉着很拘束					
13	遇到令人气愤的事,能很好地自我克制					
14	做事总是有旺盛的精力					
15	遇到事情总是举棋不定,优柔寡断					
16	在人群中从不觉得过分拘束					
17	情绪高昂时,觉着干什么都有趣,情绪低落时,又觉得干什么都没意思					
18	当注意力集中于一事物时,别的事很难使我分心					
19	理解问题总比别人快					
20	碰到问题总有一种极度恐惧感					
21	对学习、工作怀有很高热情					
22	能够长时间做枯燥单调的工作					
23	符合兴趣的事情,干起来劲头十足,否则,就不想干					
24	一点小事就能引起情绪波动					
25	讨厌那种需要耐心细致的工作					
26	与人交往不卑不亢					
27	喜欢参加热闹的活动					
28	爱看感情细腻、描写人物内心活动的文艺作品					
29	工作学习时间长了,常感到厌倦					
30	不喜欢长时间谈论一个问题					
31	愿意侃侃而谈,不愿窃窃私语					
32	别人总是说我闷闷不乐					
33	理解问题常比别人慢些					
34	疲倦时只要短暂休息就能精神抖擞,重新投入工作					
35	心理有话,宁愿自己想,不愿自己说出来					
36	认准一个目标,就希望尽快实现,不达目的,誓不罢休					
37	学习或工作同样一段时间后,常比别人更疲倦					
38	做事有些莽撞,不考虑后果					
39	老师或他人讲授新知识、技术时,总希望他讲得慢些,多重复几遍					
40	能够很快忘记那些不愉快的事情					
41	做作业或完成一项工作总比别人花时间多					
42	喜欢运动量大的剧烈体育活动,或者参加文艺活动					
43	不能很快地把注意力从一件事情上转移到另一件事情上去					

续上表

序号	测试题目	非常符合	比较符合	一般	比较不符合	完全不符合
44	接受一个任务后，就希望把它迅速解决					
45	认为墨守成规比冒险强些					
46	能够同时注意几件事物					
47	当我烦恼时，别人很难使我高兴起来					
48	爱看情节起伏跌宕、激动人心的小说					
49	对工作认真严谨，始终一贯的态度					
50	和周围人的关系总是相处不好					
51	喜欢复习学过的知识，重复做熟练的工作					
52	喜欢做变化大、花样多的工作					
53	小时候会背的诗歌，我似乎比别人记得清楚					
54	别人说我"出语伤人"，可我并不觉得这样					
55	在体育活动中，常因反应慢而落后					
56	反应敏捷，头脑机智					
57	喜欢有条理而不甚麻烦的工作					
58	兴奋的事常使我失眠					
59	老师讲新概念，常常听不懂，但弄懂以后就很难忘记					
60	假如工作枯燥，马上就会情绪低落					

(2)测试分析。

①各种气质类型得分汇总(表 1-2)。

表 1-2　各种气质类型得分汇总

气质类型	题号															总分
胆汁质	2	6	9	14	17	21	27	31	36	38	42	48	50	54	58	
多血质	4	8	11	16	19	23	25	29	34	40	44	46	52	56	60	
黏液质	1	7	10	13	18	22	26	30	33	39	43	45	49	55	57	
抑郁质	3	5	12	15	20	24	28	32	35	37	41	47	51	53	59	

②计分方法。

a. 如果某一种气质类型的得分超过 20，则为典型该气质类型。

b. 如果某一种气质类型的得分在 20 分以下，10 分以上，其他各项分数较低，则为一般该气质类型。

c. 如果各气质类型得分均在 10 分以下，但某种或几种气质类型得分较其余类型高(相差 5 分以上)，则为略倾向于该气质(或几项的混合)，如略偏黏液质型，多血质—胆汁质混合型；一般来说，正分值越高，表明该气质越明显，反之，分值越低，表明越不具备该气质。

③气质类型。

a. 胆汁质。

胆汁质的人反应速度快，具有较高的反应性与主动性。这类人情感和行为动作产生得迅速而且强烈，有极明显的外部表现；性情开朗、热情、坦率，但脾气暴躁、好争论；情感易于冲动但不持久；精力旺盛，经常以极大的热情从事工作，但有时缺乏耐心；思维具有一定的灵活性，但对问题的理解具有粗枝大叶、不求甚解的倾向；意志坚强、果断勇敢，注意力稳定而集中但难于转移；行动利落而又敏捷，说话速度快且声音洪亮。

职业选择：较适合做反应迅速、动作有力、应急性强、危险性较大、难度较高的工作。胆汁质气质类型的人可以成为出色的导游员、营销员、节目主持人、外事接待人员等；不适宜从事稳重、细致的工作。

b. 多血质。

多血质的人行动具有很高的反应性。这类人情感和行为动作发生得很快，变化得也快，但较为温和；易于产生情感，但体验不深，善于结交朋友，容易适应新的环境；语言表达力和感染力强，姿态活泼，表情生动，有明显的外倾性特点；机智灵敏，思维灵活，但常表现出对问题不求甚解；注意力与兴趣易于转移，不稳定；在意志力方面缺乏忍耐性，毅力不强。

职业选择：较适合做社交性、文艺性、多样化、要求反应敏捷且均衡的工作，不太适应做需要细心钻研的工作。他们可从事范围广泛的职业，如外交人员、管理者、律师、运动员、新闻记者、服务员、演员等。

c. 黏液质。

黏液质的人反应性低。情感和行为动作进行得迟缓、稳定，缺乏灵活性；这类人情绪不易发生，也不易外露，很少产生激情，遇到不愉快的事也不动声色；注意力稳定、持久，但难于转移；思维灵活性较差，但比较细致，喜欢沉思；在意志力方面具有耐性，对自己的行为有较大的自制力；态度持重，好沉默寡言，办事谨慎细致，从不鲁莽，但对新的工作较难适应，行为和情绪都表现出内倾性，可塑性差。

职业选择：较适合做有条不紊、刻板平静、耐受性较高的工作，而不太适应从事激烈多变的工作。可从事的职业有外科医生、法官、管理人员、财务人员等。

d. 抑郁质。

抑郁质的人有较高的感受性。这类人情感和行为动作进行得都相当缓慢、柔弱；情感容易产生，而且体验相当深刻，隐晦而不外露，易多愁善感；往往富于想象，聪明且观察力敏锐，善于观察他人观察不到的细微事物，敏感性高，思维深刻；在意志方面常表现出胆小怕事、优柔寡断，受到挫折后常心神不安，但对力所能及的工作表现出坚忍的精神；不善交往，较为孤僻，具有明显的内倾性。

职业选择：能够兢兢业业干工作，适合从事持久细致的工作，如技术人员、化验员、机要秘书、保管员等，而不适合做要求反应灵敏、处事果断的工作。

在现实生活中，并不是每个人的气质都能归入某一气质类型。除少数人具有某种气质类型的典型特征之外，大多数人都偏于中间型或混合型，也就是说，他们较多地具有某一类型的特点，同时又具有其他气质类型的一些特点。

2. 形象塑造基础练习

测试个人形象塑造能力的当前水平，找出不足，促使后续改进。要求您对自己个人形象的优缺点进行分析，并邀请同学互相分析。

请自拍一张照片贴于此处（要求无滤镜效果，全身照）	请客观回答以下问题： （1）列举您个人形象的优点。 （2）列举您对自我形象不满意的地方。 （3）同学或好友认为您在个人形象方面的优缺点都有哪些？ （4）您期望通过本课程的学习，个人形象方面得到哪些提升和改善？

效果评价

形象塑造基础练习评分表

姓　名		地点		时间	
实训项目	实训考查要点	分值	小组评分	教师评分	最终得分
形象塑造基础训练	表情	10			
	声音	10			
	眼神	10			
	面部轮廓	10			
	五官	10			
	发型	5			
	身材	5			
	服饰	10			
	语言表达	20			
	整体形象	10			
合　计		100			

典型工作任务二　职业形象设计的基本要素认知

任务引入

人们在评价美、审视美的过程中，总会自觉或不自觉地运用某种尺度去衡量、审视。这种用以衡量的标准，就是审美标准，也是形象设计造型艺术标准。千百年来，人们通过漫长的社会实践，对美的评价形成了一些共识。达·芬奇说："美感完全建立在各部分之间神圣的比例上。"人体的形态美具体表现在容貌美、形体美、姿态美、声音美等方面。因此，职业形象设计的基本内容包括以下几个方面：容貌、形体、举止行为、服饰、声音谈吐等。

请思考：

1. 如何进行职业形象设计？

2. 色彩在个人形象设计中起到了什么作用？

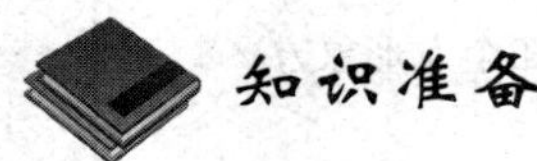

知识准备

一、职业形象设计的内容

(一)容　　貌

容貌是指一个人的头发、脸庞、眼睛、鼻子、嘴巴、耳朵等全体外观，以及无衣服遮蔽的手部，包括手掌、手臂等在内。容貌美指人的面容、五官、长相的端庄秀美，是人体美最重要的组成部分。构成容颜美丽的因素，不仅仅体现在头发的色泽与质地、发型、脸型、肤色、五官的形态以及以上诸多因素的完美和谐统一，还体现在人的精神状态、气质风度等内在的修养。

(二)形　　体

在自然界里，人体结构是最完备、最协调、最富有生机和力量的。美国艺术史学家潘诺夫斯基深刻地指出："美，不在于各种成分，而在于各个部位和谐的比例。"艺术大师笛卡儿也说："恰到好处的适中与协调就是美。"由此可见，体形是否美，主要取决于身体各部分发展得是否均衡，与整体是否和谐。

1. 形体美的标准

我国体育美学研究人员结合古今中外美学专家对人体健美的理解，结合我国民族体质和体形现状，提出了人体美的十条基本标准：

(1)骨骼发育正常，关节不显得粗大凸出。

(2)肌肉发达匀称，皮下有适当的脂肪。

(3)头顶隆起、五官端正、与头部比例配合协调。

(4)双肩平正对称，男宽女圆。

(5)脊柱正视垂直，侧视曲度正常。

(6)胸廓隆起，正背面均略呈倒三角形；女子乳部丰满而不下垂，侧看有明显曲线。

(7)女子腰略细而结实，微呈圆柱形，腹部扁平；男子有腹肌垒块隐现。

(8)臀部圆满适度。

(9)腿长，大腿线条柔和，小腿腓肠肌稍突出。

(10)足弓较高。

2. 黄金分割律

"黄金分割律"是公元前6世纪古希腊数学家毕达哥拉斯所发现，后来古希腊美学家柏拉图将此称为"黄金分割"。意大利著名画家、解剖学家达·芬奇通过无数尸体解剖的实际测量和研究证实，人体中有许多部分符合黄金分割律的比例关系。19世纪德国美学家柴依辛又做出了进一步的计算。学者们发现，一个长方形的长边(a)和短边(b)的比例，若与两边之和($a+$

b)与长边(a)的比例相等,即 $a:b=(a+b):a$,那么这个长方形就具有多样的统一,且轻重匀称。许多美学实验表明,多数人喜欢这种比例,认为最合乎美感的要求。这个比例是一个常数,长边:短边的比值符合或接近 1:0.618,或者短线与长线的比值为 0.618。值得强调的是,0.618 作为人体健美的一种标准尺度(图 1-5),是无可厚非的,但不能忽视其存在的"模糊特性",它同其他美学参数一样,受种族、地域、个体的差异制约,都有一个允许变化的幅度范围。

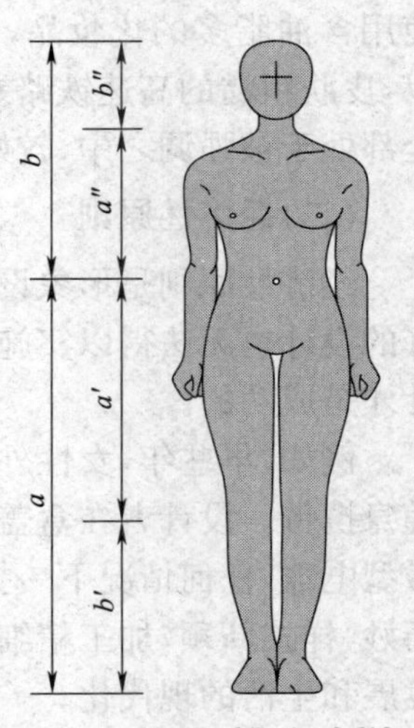

图 1-5　人体黄金分割比例

(三)举止行为

举止行为是人体在空间的活动及变化,是人们在日常生活和社会交往中的形体姿态。人体的姿态美包括站姿、行姿、坐姿、蹲姿、手势等静态和动态的姿态美,运动中形体变化和动作协调以及运动中的生命活力美等。人体的姿势主要通过脊柱弯曲的程度、四肢和手足以及头的部位等来体现。姿势的正确、优美,不仅体现人的整体美,还反映出一个人的气质与精神风貌。举止行为有时比一个人的容貌、衣着打扮给人印象更深刻,可以说,它是展示人的"内在美"的一个窗口。

(四)服　饰

服饰是指人的服装穿着、饰品佩戴、美容化妆等方面的统一,有时也单指衣着穿戴。服饰是人体的软雕塑,在一定程度上反映着一个人的个性、爱好、职业、文化素质、经济水平和社会地位,同时还体现着民族习惯和社会风尚。

(五)声音、谈吐

声音的美学效果是不言而喻的。形象设计除了研究人体对音乐的感受,并利用这种感受来改善人的身心状态外,还很重视研究人体自身发音所产生的美学效果。所以,形象设计非常重视维护和重建人体发音器官及发音功能,并将声音列为仪态美的一个重要组成部分。美国前哈佛大学校长伊立特曾经说过:"在造就一个人的教育中,有一种训练必不可少,那就是优美、高雅的谈吐。"中国人讲究"听其言,观其行",把声音、谈吐作为考察人品的重要内容。语音轻柔、语意完整、语调亲切、语速适中能够反映出言谈者良好的品德修养和文化水平。

二、高速铁路乘务职业形象设计的基本原则

形象设计的基本原则是变化与统一。在实践中,高速铁路乘务职业形象设计必须遵循实用性、经济性、和谐性和美观性等基本原则。

(一)实用性原则

实用性原则对形象设计而言,不仅关乎形象设计本身的效果,同时还涉及与形象有关的各种因素,如个人的工作、生活、环境等。强调实用、强调艺术与技艺的结合,才是合理性的设计。高速铁路乘务人员在工作中一般要求化妆,但每个人的肤色、肤质都会有所不同,化妆方法也应因人而异,必须针对不同的肤质、肤色特点,进行不同的艺术造型。肤色洁白的确能够增添迷人的光彩,但在化妆时,如果不注意中间色彩的运用,而是使用鲜红色系或棕红色系,就会造成不协调的效果,反而表现不出美丽动人的风姿。皮肤粗糙的高速铁路乘务人员一定要避免

使用含油脂多的化妆品，因为这类化妆品会使皮肤产生油光，更明显地显露皮肤的粗糙。所以，皮肤粗糙的高速铁路乘务人员适宜使用有抑制光泽作用的化妆品，化妆时最好不要让妆容全部处于被强调之中，较好的办法是突出局部，转移视线，使人们不再去注意粗糙的皮肤。

(二)经济性原则

经济性原则是形象设计必须考虑的。材料饰品价格高，形象设计的成本必然昂贵，创意再好的设计也无法得以实施。所以，形象设计必须要与经济挂钩，只有那些成本低、质量高的设计才是成功的。

例如，早些年，女性外出常用的化妆盒，为了适应社交的各种场合的需要，由梳妆台上转到随身携带。设计者在盒盖内装上一面小镜子，便于随时化妆，形成了空间的转移；还有的装上微型电珠，任何情况下一打开就亮起来，在暗处也可以进行化妆。这些设计成本很低，但设计巧妙，样式新颖，加工精细，使用方便，大受青睐。这种艺术与经济的结合，促进了形象设计的发展和生活的现代化。

(三)和谐性原则

形象设计的最终目的是通过各种美学元素的组合、重叠、取舍，从而产生美，而美的根源便是“和谐”。

无论形象设计的构想怎样，无论选用材料的性质与性能怎样，无论形象设计各种元素之间的组织配合怎样，其终极目标是在受众的各种感官的接受过程中产生一种和谐感，这种和谐感才是创造美的设计效果的最关键手法和诀窍。高速铁路乘务人员不可以只一味关心自身形象是否高贵脱俗或者是否前卫时髦，而忽视了职业的要求，忽视与周围环境的和谐性、贴切性。

(四)美观性原则

形象设计的最直接目标是要在形式上达到美的效果，因此外形的美观是必然要强调的。健康、亲切、真诚、大方、聪慧、灵敏、干练的形象特征是当今旅客对高速铁路乘务人员共有的心理期待，而这些形象特征首先是通过精心设计的外观的美才能一步一步实现。高速铁路乘务人员在服饰、发型等外在仪表上的讲究永远是最重要的，衣着发型是高速铁路乘务人员的外包装，在高速铁路乘务人员形象设计中处于很重要的地位，不可掉以轻心。当然，高速铁路乘务人员形象设计是一个综合性的设计，绝不能只把它单纯地看成是特定时刻的穿着打扮，把目光停留在表面设计上。形式上的美观不是高速铁路乘务人员形象的全部内容，行为、语言、气质的设计也同样不可或缺，它们是美的精华。外观美是帮助传达“美的精华”的有效途径，是实现最佳形象设计效果的基础。

三、高速铁路乘务职业形象设计的基本要素

高速铁路乘务职业形象设计中要考虑三方面基本要素：色彩、光线和形态。

(一)色　彩

色彩，就是不同波长的可见光引起人眼不同的颜色感觉。色彩是形象设计最基本的形式因素。在设计中，合理选择色彩，以达到控制、调节和突出的作用，就必须对色彩的属性、三原色及其混合规律、色彩的视觉感受、色彩组合手法以及与个人特征的关系进行研究。

1. 色彩的属性

色彩，可以分为无彩色系列和有彩色系列两大类。

无彩色系列，是指白色、黑色和由白色、黑色调和形成的各种深浅颜色不同的灰色。

有彩色系列，是指色带光谱上的红、橙、黄、绿、青、蓝、紫及其衍化产生的带有颜色的色彩，不同明度和纯度的这七种颜色也都属于有色系列。有彩色系列的颜色是由光的波长和振幅决定的，波长决定色相，振幅决定色调。

有彩色系列的颜色具有三个属性：色相、明度和纯度，统称为色彩的三要素。

(1)色相

色相，是指颜色的光谱波长，又称色别，是色彩的最主要的特征，它虽然是表示色彩的种类，但指的不是一种色彩。同一色相的色彩是指色彩中组成彩色成分的三原色光组合比例相同的一系列色彩，它们之间的差别仅仅是明度和纯度的不同；因此，色相相同的色彩在画面中组合时，给人一种和谐愉悦的感觉。

(2)明度

明度，又称亮度，即色彩的浓度和深浅。色相相同的色彩仍有明暗、深浅之分，这种色彩本身的敏感程度即明度。在同一色相中，洁色的明度高，浊色的明度低，纯色的明度居中。可以看出，明度在色彩的三个基本特征中有较强的独立性，纯度高的色彩明度不一定高。在色彩明度体现中，黄色的明度最高，紫色的明度最低。在色彩混合过程中，白色加得越多则明度越高，黑色加得越多则明度越低。

(3)纯度

纯度，又称色彩的彩度或饱和度。色相相同的色彩除了有明度上的差别外，还有纯净程度之分，即色彩的纯度。色彩纯度越高，给人的视觉印象越鲜艳。在所有颜色中，三原色的纯度最高，鲜艳程度也最高，间色次之。这种纯度的高低主要原因是色彩中彩色成分与消色成分(黑色成分和白色成分)调和比例的变化：彩色成分愈多，色彩的纯度愈高，因此没有消色成分的三原色纯度最高；消色成分愈多，色彩的纯度愈低，因此没有彩色成分的黑色和白色的纯度最低。

色彩纯度的高低还与色彩的明度有密切的关系。当明度变化时，纯度也随着改变，明度增大或减小时纯度都降低，只有明度适中时，色彩的纯度最高。因此，形象设计中选择色彩，要把纯度与明度结合起来考虑。色彩纯度的强弱一般也采用高、中、低等区分。最纯净的色彩称其为纯度高。

(4)色彩三要素的相互关系

色彩的三个属性不是孤立的，而是相互依存、相互制约的。每一种色彩都具有三个属性。化妆时如果改变了某一色彩的明度，则其色相、纯度相应都会有变化。例如，黄色掺入一些褐色后，其明度降低，纯度也会降低，色相也变成了黄褐色。

色彩的差别似乎很小，但配上不同程度的纯度和明度，都会产生显著的必化，并且每一种色彩都会巧妙地衍生出无数的近似色来。例如，黄色有柠檬黄、浅黄、金黄、芥末黄、杏黄、土黄、中黄等；蓝色有天蓝、海蓝、灰蓝、浅蓝、宝石蓝、孔雀蓝、深蓝、藏青等；白色有雪白、乳白、米白、青白、粉白、蓝白等；黑色有灰黑、红黑、紫黑、蓝黑、青黑等。

2. 三原色及其混合规律

一般把波长为400～500 nm的可见光定为蓝光范围，把波长为500～600 nm的可见光定为绿光范围，把波长600～700 nm的可见光定为红光范围。按照国际照明委员会的规定，把水银光谱中波长分别为435.8 nm、546.1 nm和700 nm的蓝、绿、红光称为三原色光。实践证明，通过蓝、绿、红三原色光的定比组合可以模拟出自然界的各种色彩。为了表现色彩的类别、特征和相互关系以及实用中的色彩控制和调节，必须研究组成色彩的蓝、绿、红三原色光的比例，并使这种比例与色彩名称相对应，这也是能否自如地运用色彩的关键。选择一些典型的组合比例进行研究，即可明了三原色光的混合规律及其对色彩特征的影响。

3. 色彩的视觉感受

(1)色彩的前进感与后退感

同一背景、面积相同的物体，由于各种色彩的色光波长及相应的折射率不同，它们在视网膜上形成的映像也不同。波长长的暖色光在视网膜内侧成像，所以给人以凸向前的感觉，称为前进感[图 1-6(a)]；波长短的冷色光在视网膜外侧成像，所以给人以凹进深远的感觉，称为后退感[图 1-6(b)]。因此，在形象设计中，无论化妆或服装色，明度较高或暖色系的色彩前进感较强烈，可以有提亮效果；明度较暗或冷色系的色彩后退感较强烈，可以有阴影色效果。

(a) 色彩的前进感

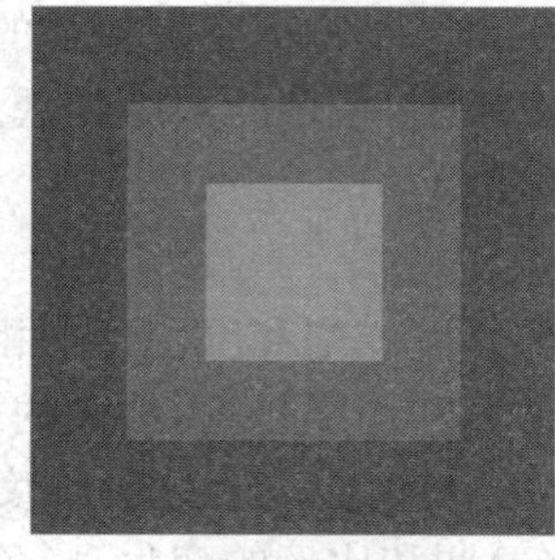

(b) 色彩的后退感

图 1-6　色彩的前进感与后退感

(2)色彩的软硬感与轻重感

色彩能够使人看起来有轻重感，这也是与人们在实际生活中产生的联想有关。人们看到黑色就会联想坚硬沉重的钢铁、煤炭，看到白色就会联想到柔软而轻飘的白云和棉花。色彩的软硬感和轻重感主要是与色调或明暗度有关，通常是明度越高或纯度越高的色彩，感觉越轻、越柔软；而明度越暗、纯度越低的色彩，感觉越沉重、越坚硬。同明度的色彩则纯度高的感觉轻，纯度低的感觉重。

另外，在无彩色系列中，黑色具有坚硬感，灰色具有柔和感；在有色彩系列中，冷色具有坚硬感，暖色具有柔和感。

4. 色彩的组合手法

不同纯度、明度和色调的色彩，对人们的视觉心理感受是不同的。红、橙、黄、绿、青、蓝、紫是纯度最高的“有彩色”的色彩，给人以单纯、突出、强烈、富于个性、青春活力和热情奔放的感觉。黑、白、灰是低纯度的“无彩色”的色彩，给人以含蓄、中庸、素淡平和、温文尔雅和富于理性的感觉。但生活中绝对的纯色是很少的，更多的是高纯度与低纯度、有彩色与无彩色组合后的色彩。色彩的组合手法是多种多样的。

5. 色彩与个人特征

色彩在形象设计中具有修缮、弥补人的外形的作用。不同肤色、发色、体型、年龄、性别的人对各种色彩的适应度并不相同，我们必须了解和选择适合个人机体特征的色彩，强化、调和色彩对机体的融洽度，以适应人们对色彩的不同心理感受期待，达到形象设计的最佳效果，利用色彩创造出一个完美的“新人”。

(1)肤色对色彩的选择

肤色是由棕色的黑色素、黄色的叶红素和红色的血红蛋白三部分组合成的，皮肤只是一层薄薄的过滤层，透过表皮的色调决定了肤色的状况。人类肤色的差异很大，不同肤色适合不同的色彩，对色彩选择的差异也很大。在自然光线下，用一张洁白的纸衬托在手腕和手掌的下方，观察确定自己的肤色。

粉红色皮肤，选择色彩的范围很广，黑色、白色以及彩色度较高的纯红、纯蓝、纯绿、深紫、淡紫色的效果都很好。

灰白色皮肤，选择深沉素朴的色彩比较合适，彩色度不高的中间色如柔白、中蓝、淡粉红、蓝红、蓝绿、灰绿、玫瑰棕、中紫红、淡紫的效果较好，黑色以及彩色度较高的鲜艳华丽的色彩不适宜。

白色皮肤，可以选择的色彩最多，高彩度和低彩度的色彩都较适宜。

黑色皮肤，应该选择明度暗沉、彩色度较低的颜色。当然，高彩度和高纯度的色彩也可能会令黑皮肤者有一种异国情调，但要慎重选择。

黄色皮肤，适宜低明度和对比强烈的色彩，它与茶色系列的色彩很协调。柠檬黄和紫色不适宜黄色皮肤者。

(2)发色对色彩的选择

在自然光线并且不化妆的情况下，对着镜子看一看自己的头发确定自己的发色。

头发颜色较深，呈炭灰色、蓝黑色或银灰色，选择色彩的范围比较大，纯白、黑色以及纯蓝、纯绿、鲜红、柠檬黄、紫色等高彩色度的颜色均可，但不宜选择棕色、橙色和金色。

头发颜色的基色为灰色，呈亚麻色、鼠灰色、浅棕色和深棕色，应该选择纯度较低的柔白、灰蓝、中蓝、蓝绿、浅柠檬黄、西瓜红、深玫瑰、淡紫以及所有淡粉红色，而选择黑色、橙色和金色效果不佳。

发色呈淡黄色、金黄色、草莓色、金棕色，适宜选择牡蛎白、深棕、蓝色、黄绿、橙红、金黄、咖啡色以及所有橙色和所有金色，而黑色、粉红、紫色不适宜。

发色呈金棕色、铜色、深金黄、红色，适宜选择乳白、金棕、杏色、橙红、紫色、亮金色、净黄绿、浅品蓝以及所有桃粉红色，而选择黄色和浅黑紫色效果并不好。

(3)体型对色彩的选择

高矮胖瘦的体型，可以选择不同的色彩，利用色彩的心理效应造成视错，进行调整，达到美的目的。

胖体型，较适宜用明度低的深色，或具有后退感的收缩色，利用视错，达到收缩体型的目的。应避免用明度高的浅色或具有前进感的立体色、接近饱和度的强色。发光的衣料也有扩大体积的作用，也要忌用。

瘦体型，适宜用明度高的浅色，或具有前进感的立体色，利用视错，达到放大体型的作用。与胖体型相反，应避免用明度低的深色或具有后退感的收缩色，更不能选择饱和度高的弱色。

矮小身材，适宜选择淡而柔和的色调，最好上下衣同色对比不宜太强烈。在上衣下裤(裙)色彩面积的分配上，要尽量加大下身面积，增强修长感。

(4)年龄对色彩的选择

不同年龄的人，对色彩的喜爱各有不同。

幼儿、少儿，喜爱鲜艳夺目的色彩，明度、纯度和彩色度高的颜色都很适宜他们，显得活泼可爱。彩色度高的三原色往往是首选。

青年人，思想活跃，接受新事物最快，因此也是流行色的积极响应者和实践者，他们对色彩的选择往往是多变的。一般而言，色彩趋向于热情、明快。

中年人，已形成稳定的色彩审美习惯，各方面都比较成熟，不易被流行色左右，服饰的色彩趋向端庄、典雅、稳重的中间色，喜爱用同类色彩来搭配组合。

老年人，机体和生理都进入衰退、老化阶段，因此选择高明度、暖色调的色彩，能显得有朝气、更年轻一些。当然，传统的庄重打扮，选择明度低、冷色调的色彩也能达到较好的效果。

(5)性别对色彩的选择

不同性别的人，其身体特征有明显的差异，色彩观念也很不相同，如男性肤色黑，认为是健康；女性肤色白，认为是漂亮。他们对色彩的喜好与运用带有明显的性别意识。

一般而言，男性往往选择稳重沉着，彩色度较低的色彩，色彩变化比较小。女性常常选择高彩色度、高明度、高纯度的鲜艳色彩，色彩的变化比较大。

(二)光　　线

光线的实质，是一种电磁现象。波长在 380～780 nm 之间人眼可觉的电磁波(可见光)是表现物体立体感的关键，是形象设计艺术使用广泛的形式因素，是最基本的造型手段之一。图 1-7 为眼睛接收光线的示意图。

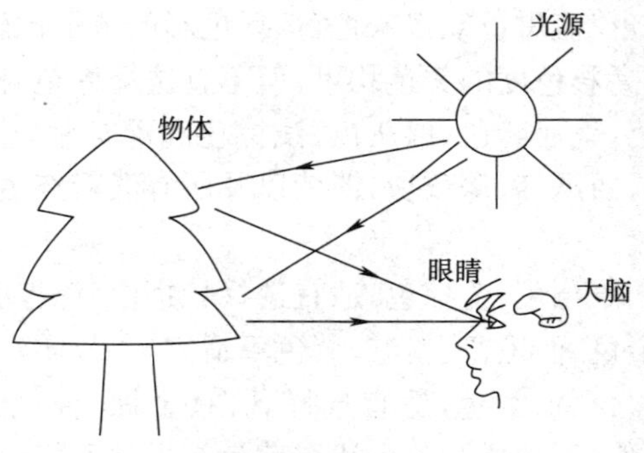

图 1-7　眼睛接收光线的示意图

(三)形　　态

形态，是形象设计艺术中最基本的形式因素，是“形象”的重要载体。

形态主要由点、线、面构成。通过点、线、面构成的具体和抽象的平面与立体的各种形态，在视觉上能给人以不同的感受和信息传达上的差异，从而形成不同的心理感受。比如，方正的形态能给人以稳定和贯通的感觉，斜侧的形态能给人以活跃、变化的感觉，圆润的形态能给人以扩张、柔和的感觉。如果说丰富的色彩和变化的光线在视觉的信息传达上有很强烈的敏感度，那么形态在视觉传达上则承担着更具体、更细致的反映信息的任务。只有通过点、线、面以及具体的形态，才能给人以准确、清楚的视觉印象。

项目训练

一、场景设计

(一)实训目的和要求

1. 体形测量。

(1)了解身体长度、围度、厚度情况,找出身体各部分的差距,确定"扬长避短"的着装方法。

(2)专门、固定的测试地点,光线充足,温度不低于 20 ℃。

(3)准备落地大镜子和测量用具。

(4)测量时应着轻便贴身短装练功服;在坚持练习后每月或每两个月测试一次。

(5)下列情况不宜测试:生病或我感觉不好、生病后的恢复期、训练后(尤其是大运动量后)、月经期等。

(6)测量时身体与地面保持垂直。

2. 掌握色彩的基本原理,能够运用色彩学原理进行基础配色。

(二)实训内容

1. 身体各部位仪器测量。

2. 色彩基础训练。

二、实训步骤

(一)实训前准备

1. 身高体重测量仪、软皮尺、脂肪钳、肩部卡尺。

2. 36 色彩铅笔一套。

3. 白纸 5～8 张。

(二)实　训

1. 体形测量

体形具体测量方法及尺寸对照见表 1-3～表 1-5。

表 1-3　身体各部位仪器测量方法

部　位	测量方法
体重	身体直立,保持平衡,脱鞋
身高	两脚并拢,后背挺直
上肢长	肩外侧到手指尖
肩宽	测量两肩之间的最远距离,用皮尺从左到右,标准者两肩的长度为头宽的 2.5 倍
腰长	测量最后一根肋骨与髋骨之间的长度
腿长	从后面测量臀折线到地面的长度(臀折线是臀部与大腿后侧相交线)
腕围	测量腕骨最细的部位

续上表

部　　位	测量方法
踝围	测量踝关节最细的部位
臂围	测量上臂部最粗的部位
胸围	肩胛骨下沿 2～3 cm 位置,前面紧贴乳头,皮尺水平绕一周
胸下围	肩胛骨下沿 3～4 cm 位置,前面紧贴乳房下弧形线,皮尺水平绕一周
腰围	两脚并拢,上身挺直,测量腰最细的部位,皮尺水平绕一周
臀围	两脚并拢,上身挺直,测量臀部最凸出的部位,皮尺水平绕一周
大腿围	两腿分开与肩同宽,测量大腿最粗处的部位
小腿围	测量小腿最粗处的部位
上臂皮脂厚度	测量上臂最粗位置的前部的脂肪厚度
上腹皮脂厚度	从腰线向右 4～5 cm 处捏起
下腹皮脂厚度	肚脐下 2～3 cm,腹线中部左右 4～5 cm 处捏起
后背皮脂厚度	肩胛骨下靠近斜方肌的位置中点 3～4 cm 处捏起
大腿外侧皮脂厚度	量围度时与外侧中心相交

表 1-4　中国成年男性标准身材及各部位尺寸对照表　　单位:cm

序号	身高	体重(kg)	胸围	腰围	臀围	大腿	小腿	臂围	肩宽	上臂	颈围
1	160	54	85	70	80	48	30	160	40	24	30
2	161	55	86	71	81	48	30	161	40	24	30
3	162	56	86	71	81	49	31	162	41	24	31
4	163	57	87	72	82	49	31	163	41	25	31
5	164	58	87	72	82	50	32	164	41	25	32
6	165	59	88	73	83	50	32	165	41	25	32
7	166	59	88	73	83	51	33	166	42	25	33
8	167	60	89	74	84	51	33	167	42	26	33
9	168	61	89	74	84	52	34	168	42	26	34
10	169	62	90	75	85	52	34	169	42	26	34
11	170	63	90	75	85	53	35	170	43	26	35
12	171	64	91	76	86	53	35	171	43	27	35
13	172	65	91	76	86	54	36	172	43	27	36
14	173	66	92	77	87	54	36	173	43	27	36
15	174	67	92	77	87	55	37	174	44	27	37
16	175	68	93	78	88	55	37	175	44	28	37
17	176	68	93	78	88	56	38	176	44	28	38
18	177	69	94	79	89	56	38	177	44	28	38
19	178	70	94	79	89	57	39	178	45	28	39

续上表

序号	身高	体重(kg)	胸围	腰围	臀围	大腿	小腿	臂围	肩宽	上臂	颈围
20	179	71	95	80	90	57	39	179	45	29	39
21	180	72	95	80	90	58	40	180	45	29	40
22	181	73	96	81	91	58	40	181	45	29	40
23	182	74	96	81	91	59	41	182	46	29	41
24	183	75	97	82	92	59	41	183	46	30	41
25	184	76	97	82	92	60	42	184	46	30	42
26	185	77	98	83	93	60	42	185	46	30	42
27	186	77	98	83	93	61	43	186	47	30	43
28	187	78	99	84	94	61	43	187	47	31	43
29	188	79	99	84	94	62	44	188	47	31	44
30	189	80	100	85	95	62	44	189	47	31	44
31	190	81	100	85	95	63	45	190	48	31	45

表 1-5　中国成年女性标准身材及各部位尺寸对照表　　单位：cm

编号	身高	体重(kg)	胸围	腰围	臀围	大腿	小腿
1	150	43.2	79.5	55.5	81	46.8	28.1
2	151	43.7	80	55.9	81.5	47.1	28.2
3	152	44.1	80.6	56.2	82.1	47.3	28.4
4	153	44.6	81.1	56.6	82.6	47.6	28.5
5	154	45	81.6	57	83.2	47.8	28.7
6	155	45.5	82.2	57.4	83.7	48.1	28.9
7	156	45.9	82.7	57.7	84.2	48.4	29
8	157	46.4	83.2	58.1	84.8	48.6	29.2
9	158	46.8	83.7	58.5	85.3	48.9	29.3
10	159	47.3	84.3	58.8	85.9	49.1	29.5
11	160	47.7	84.8	59.2	86.4	49.4	29.6
12	161	48.2	85.3	59.6	86.9	49.7	29.8
13	162	48.6	85.9	59.9	87.5	49.9	30
14	163	49.1	86.4	60.3	88	50.2	30.1
15	164	49.5	86.9	60.7	88.6	50.4	30.3
16	165	50	87.5	61.1	89.1	50.7	30.4
17	166	50.4	88	61.4	89.6	51	30.6
18	167	50.9	88.5	61.8	90.2	51.2	30.7
19	168	51.3	89	62.2	90.7	51.5	30.9

续上表

编号	身高	体重(kg)	胸围	腰围	臀围	大腿	小腿
20	169	51.8	89.6	62.5	91.3	51.7	31
21	170	52.2	90.1	62.9	91.8	52	31.2
22	171	52.7	90.6	63.3	92.3	52.3	31.4
23	172	53.1	91.2	63.6	92.9	52.5	31.5
24	173	53.6	91.7	64	93.4	52.8	31.7
25	174	54	92.2	64.4	94	53	31.8
26	175	54.5	92.8	64.8	94.5	53.3	32

2. 色彩基础练习

(1)原色配色练习。

(2)色相环练习。

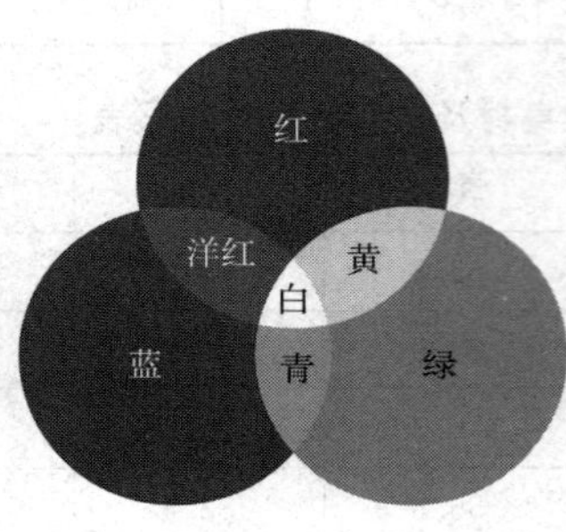

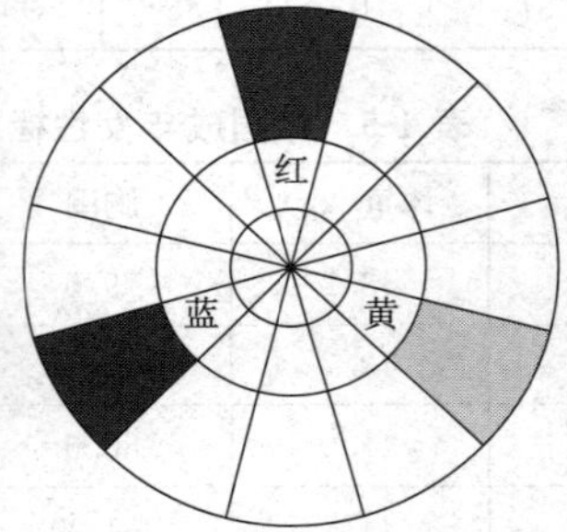

(3)色相练习。

红					
橙					
黄					
绿					
蓝					
紫					

效果评价

色彩基础练习评分表

姓　名		地点		时间	
实训项目	实训考查要点	分值	小组评分	教师评分	最终得分
色彩基础练习	原色配色	20			
	色相环	20			
	色相	20			
	熟练运用，配色协调，并能清晰说明色彩带给自己的感受	40			
合　计		100			

典型工作任务三　形象塑造的美学原理与美学要求认知

任务引入

“美”对个人来说是一种“财富”，对于高速铁路客运乘务人员来说更是一种不可多得的“资源”。对高速铁路客运乘务人员美丽的重视，不仅是为了满足旅客的心理需求，也是高速铁路服务特殊性的要求，因为高速铁路客运乘务人员与旅客的接触是近距离的，言行举止无不影响旅客的情绪，所以要求高速铁路客运乘务人员时时刻刻呈现美丽的一面，提供“美丽”服务。当每一位高速铁路客运乘务人员都能像美丽的花朵绽放，那车厢和车站服务就会多姿多彩，和谐融洽。但必须强调的是，塑造心灵之美是美丽的基础。没有职业道德美，缺乏价值观、人生观之美，没有人格之美，美丽本身也就不复存在。

请思考：

1. 结合生活情境，举例说明形象塑造的美学原理。
2. 怎样理解人物形象的内在品质和形式美之间的关系？

知识准备

一、职业形象设计的美学原理

在形象设计中，色彩、光线、形体、声音等形式因素按一定的方法规律组合后，使美的形式与美的内容密切统一，才形成美感。这些形式因素在形象设计中的组合变化情况是非常复杂的，往往会因为其他相联系的条件发生变化，它们组合的特点、意义也会相应地发生变化，例如，红色在一个姑娘的面颊上表现了一种健康的美，但是出现在鼻尖就成为丑了。

(一)单纯齐一和对称均衡

1. 单纯齐一

“单纯齐一”也叫整齐一律,这是最简单的形式美,也是最基本、最常用的形式原理。这种形式美在单纯中见不到明显的差异和对立的因素。如色彩中的某一色,蔚蓝的天空,碧绿的湖面,清澈的泉水,明亮的阳光,白色的婚纱等,单纯给人产生明净、纯洁的感受。“齐一”是一种整齐的美,如高速铁路客运乘务员的列队(图 1-8),乘务员们的身材、服装、服务手势的动作都很一致,加上每一个乘务员精神状态都高度集中,这些特征在形式上呈现出一种整齐的美。单纯齐一的连续出现,就形成了“反复”。“反复”也是属于“整齐”的范畴,是就局部的连续再现来说的,但就各个局部所结成的整体看仍属整齐的美,如各种连续的花边纹饰。

2. 对称均衡

对称与均衡虽有一些差异,但二者在差异中仍然保持一致,都是为了在视觉上取得平衡。

(1)对称

“对称”指以一条线为中轴,左右(或上下)两侧均等(图 1-9),如人体的眼睛、耳朵、手、脚都是对称的,但既是左右相向对称,也就出现了方向、位置上的差异。古希腊美学家曾指出:“身体美确实在于各个部分之间的比例对称。”对称具有较安静、稳定的特征,对称还可以衬托中心,如天安门两侧对称的建筑,可以衬托天安门的中心地位。

图 1-8 “单纯齐一”的美

图 1-9 “对称”的美

“对称”是形象设计中经常运用的造型原理。礼服类多采用对称的形态来表现庄重的气度。被称为我国“国服”的中山装是完全对称的。它虽然借鉴了西洋服饰文化,但又与中华民族的气质融合;加上其具有的文化底蕴,领袖人物的大力提倡,使它独立于世界服饰之林。但是对称毕竟容易显得呆板、单调,为了克服拘谨、齐一的缺点,创造生动活泼的气氛,人们往往通过切线、口袋、装饰物、面料的花纹等非对称形态与基本上对称的形态相结合,来增加变化和动感,如藏族男性的着装,习惯上常袒露右臂,将长袍右袖垂于腰右后侧,在不对称中求得相对的稳定感,创造了一种新的平衡。

(2)均衡

“均衡”指两侧的形体不必等同,量上不必完全相等,大体相当即可。均衡较对称有变化,比较自由,也可以说是对称的变体。均衡在静中倾向于动。在形象设计中,处理均衡关系时,要注意加进人的力感惯性这个因素。在现实生活中，人们习惯视底部大、上部小的事物为稳定的形态。成语“稳如泰山”往往用来形容稳定，“山”的形象是公认的稳定的形象。而“山”的形状一般接近于正三角形，因此可以说正三角形是稳定的形体。正三角形正好是正平衡形态，所以平衡经常与稳定这个概念相联系。稳定的常被视为平衡的，反过来不稳定的也常被视为不平衡的。

（二）调和、对比与比例

1. 调和与对比

调和与对比，反映了矛盾的两种状态。调和，是在差异中趋向于一致（“同”）；对比，是在差异中倾向于对立（“异”）。

（1）调和

调和，是指把两个相接近的东西并列，如色彩中的红与橙、橙与黄、黄与绿、绿与蓝、蓝与青、青与紫、紫与红都是邻近的色彩。在统一色彩中的变化（如深浅、浓淡）也属于调和。调和使人感到融合、协调，在变化中保持一致。杜甫诗中有：“桃花一簇开无主，可爱深红爱浅红。”深红与浅红在一起也属于调和。

色彩的调和一般有三种情况：

①同一调和，即同一色相或明度、纯度相近色的搭配，如深红和粉红，尽管明度相差很大，但由于它们同属一个色相，所以形成调和。

②类似调和，即色相、明度、纯度均相近的色的调和，与同一调和相比，类似调和具有较复杂的表情，富于变化。

③对比调和，即色相、明度、纯度差别很大的色彩搭配形成的调和。同一调和与类似调和都比较容易成功，但往往显得没有生气，对比调和尽管失败的可能性很大，却可以得到一种新鲜的调和，如黄与紫、红与黑等构成的对比调和，刺激性强，鲜艳夺目。

（2）对比

“对比”是指把两种极不相同的东西并列在一起，使人感到鲜明、醒目、振奋、活跃。如色彩中红与绿、黄与紫、蓝与橙都是对比色。

“对比”强调表现各形式要素之间彼此质与量差异的造型原则。对比的双方利用相互间彼此相反的性质，各自增强自己的特征，使对比的两者之间的相异处更加突出，从而产生强烈的刺激。它的主要作用在于使造型效果生动，富于活力。它的内容也十分丰富，如凹与凸、粗与细、厚与薄、冷与暖、强与弱、明与暗、大与小等。两个极端对立的事物，通过矛盾的转化，形成新的统一。一定要在统一的大前提下追求对比的变化，充分把握好支配与从属的关系。当需要活泼欢快的效果时，一般运用对比的方式；当需要庄严肃穆的效果时，一般运用调和的方式。在形象设计中，要注意以上原则。

2. 比例

“比例”是指一件事物整体与局部以及局部与局部之间的关系。例如，我们平时所说的“匀称”，就包含了一定的比例关系。人体各部分之间的比例关系，不仅影响整体形象，同时在局部之间也相互影响。突出的比例失调，便会产生畸形。在形象设计中，不能掌握正确的比例往往会产生形象的不真实。什么样的比例才能引起人的美感呢？黄金分割的比例最能引起人的美感。人体即基本符合这种比例关系，书籍、报纸也大多采用这种比例。

（三）节奏韵律与多样统一

1. 节奏韵律

“节奏韵律”指运动过程中有秩序的连续。构成节奏韵律的两个重要内容有：一是时间，指运动过程；二是力，指强弱的变化。把运动中的这种强弱变化有规律地组合起来加以反复，便形成节奏。在形象设计中，节奏主要是通过线条的流动、色块的形体、光影的明暗等因素反复重叠来体现的。节奏是艺术形象的一种组织力量。

在节奏的基础上赋予一定情调的色彩便形成韵律。韵律更能给人以情趣，满足人的精神享受。郑板桥所画的无根兰花，在形象的排列组合中所表现的那种充满情感的节奏，也是韵律。韵律实际上是节奏形式的深化，是情调在节奏中的运用。当设计元素有规律地抑扬变化，使形式富于律动的变化美时，就形成了韵律。韵律在造型活动中的主要作用就是使形式产生情趣，具有抒情的意味，或是激动与安静，或是单纯与复杂，或是雄壮与低衰。采用什么样的情调，要按造型的内容要求来进行选择。

2. 多样统一

“多样统一”是形式美法则的高级形式，也叫和谐。从单纯齐一、对称均衡到多样统一，类似一生二、二生三、三生万物。“多样”体现了各个事物的个性的千差万别，“统一”体现了各个事物的共性或整体联系。多样统一是在变化中求得统一。在形象设计中，运用多样性法则，可以起到波澜起伏，跌宕多姿，变化无穷，丰富多彩的视觉效果，适应了人们审美要求的多样性和变化性，使人们在不断变化的心理感受中获得丰富的美学享受。

二、高速铁路客运乘务职业形象的美学要求

（一）丰富的视觉效应打造高速铁路客运乘务人员形象

视觉效应是指向受众直观、生动、形象地提供图画，从而使受众简明便捷地产生审美想象的效果的效应。视觉效应通常用在艺术设计领域，用以探讨艺术设计借助各种艺术手法提高作品的艺术效果。在此，我们借用这一术语以艺术视角去观察高速铁路客运乘务人员的形象。

在高速铁路客运乘务人员整体形象中，对旅客产生视觉影响的主要有两个方面：一是着装等形象设计的要素，即职业形象设计；二是仪态、仪容与礼仪修养等因素。

其中，职业形象设计突出每个高速铁路企业文化元素，都是经过精心的艺术设计的，具有丰富的文化内涵，是构成视觉效应的基础。但规整化一的模式，无法反映高速铁路客运乘务人员的个性化特征，构不成视觉效应的核心元素。良好的仪态、仪容与礼仪修养使高速铁路客运乘务人员具有“秀外慧中”的个性特征，才是视觉冲击力的核心元素。仪态、仪容与礼仪修养等大多可通过后天学习加以培养，也会在生活的磨炼中升华。所以，一名具有高速铁路客运乘务基本素质和强烈职业追求的人，应通过刻苦训练，积极的养成，使自己具备良好的形象、丰富的视觉效应。

（二）高速铁路客运乘务服务要求“严谨”的美

在高速铁路客运乘务服务的实践中，对美丽的追求与塑造是自始至终的。但高速铁路服务的“美丽”不同于日常生活中的“美”。日常生活中的“美”，别具一格、个性突出，甚至过于张扬也不为过；而高速铁路客运乘务人员的美，是高速铁路服务的职业之美，具有严谨性。需要经过严格的训练，仪容仪表要求端正秀雅，微笑要甜美亲和，举止要文明大方，动

作要温柔稳健等。高速铁路客运乘务人员上岗之前，要经过初始培训，在上岗期间要进行定期的复训；出乘前要进行周密的个人仪态仪容的准备与检查，在退乘后，要进行服务总结与点评。

(三)外秀与内慧结合

服务的本质不是自我欣赏，而让服务对象得到直观的美好感受，强化表现形式显得尤为重要。旅客所希望看到的高速铁路客运乘务人员，不仅具有以内在素质、修养和服务意识等“内慧”为核心的内在美，而且具有以仪态美、仪容美以及深厚的礼仪修养等“外秀”为核心的外在美。失去“内慧”的外在美会显得过于张扬、肤浅；而失去“外秀”表现形式的“隐形”内在美也会使服务表现出生机与活力。所以，呈现“内慧外秀”相结合的完整的美，是培养高速铁路客运乘务人员的基本目标。

任务训练

一、场景设计

(一)实训目的和要求

1. 初步认识自身服饰搭配和色彩搭配能力。

2. 增强外在形象塑造能力，提升个人自信。

3. 女生请客观地填写女士色彩搭配能力选择测试题，男生请客观地填写男士服饰搭配能力判断测试题，时间控制在 5 min 内。

4. 掌握色彩的基本原理，为后续的学习任务打下坚实基础。

(二)实训内容

1. 男士服饰搭配和女士色彩搭配能力测试。

2. 色彩基础综合练习。

二、实训步骤

(一)实训前准备

1. 男士服饰搭配和女士色彩搭配能力测试题。

2. 36 色彩铅笔一套。

3. 白纸 5～8 张。

(二)实　　训

1. 男士服饰和女士色彩搭配能力测试。

(1)男士服饰搭配能力测试。

意大利影星索菲亚·罗兰说：“从您的着装，往往能看出您是哪一类人，它们代表着您的个性。”因此，服饰被认为是社交场合中的“第二肌肤”。在正式场合，它更是发挥着举足轻重的作用，反映着一个人的社会地位、个性品质等。对职业男士来说，毫无疑问，得体的着装会在很大程度上帮助自己树立自信心。下面 15 个关于男士形象的问题，结合您的具体情况，同意的打“√”，不同意的打“×”。

①您是否要等到衣服很旧了才会买新的。(　　)

②您是否认为头发垂落到眉毛下面很有男人味。(　　)

③您是否认为内衣只要干净就行。(　　)

④参加面试时您是否认为系一条鲜艳的领带会显个性。(　　)

⑤盘腿坐着的时候,您的小腿是否会露出一截。(　　)

⑥在订购西服时,您觉得摘不摘掉袖口上的商标是无伤大雅的。(　　)

⑦您是否选择商家已经配好的衬衫和领带。(　　)

⑧别人赠送或是开会发给您的衬衫或领带,您并不喜欢,是否会为了杜绝浪费而继续使用。(　　)

⑨您的发型是否多年不变。(　　)

⑩您是否因为赶时间而穿拖鞋去上班。(　　)

⑪您是否等到皮鞋很脏时才会去擦它。(　　)

⑫炎热的夏天,您是否在谈判场合选择短袖衬衫。(　　)

⑬在约谈客户时,您是否会将白袜子和黑皮鞋搭配。(　　)

⑭您平时佩戴的手表是否色彩夸张或造型夸张。(　　)

⑮您是否喜欢色彩、图案有趣的袜子,觉得是一种个性的表现。(　　)

(2)女士色彩搭配能力测试。

很多女士很会选择适合自己的服装款式,但是却不知道适合自己的服装颜色,所以在穿衣打扮时,虽然看起来很时尚,但总感觉差那么一点和谐或光彩。下面的色彩搭配测试(根据季节性来分类),可以找出自己适合的色彩。

①您皮肤的状况如何?(　　)

A. 有红晕,皮肤白皙　　B. 没有红晕,肤色呈深褐色或青色

C. 有红晕,肤色白皙带黄色　　D. 没有红晕,肤色白皙略带黄色

②您头发的整体感觉如何?(　　)

A. 灰黑色,发质软　　B. 乌黑发亮,发质硬

C. 棕黄色到棕色　　D. 深棕色

③您眼珠及眼白的颜色如何?(　　)

A. 柔白色眼白,棕色眼球　　B. 柔白色眼白,深棕色或黑色眼球

C. 湖蓝色眼白,棕黄色眼球　　D. 湖蓝色眼白,棕色眼球

④您眼睛的整体感觉如何?(　　)

A. 温和　　B. 锐利　　C. 明亮　　D. 深沉

⑤您给人的感觉如何?(　　)

A. 恬静,温柔　　B. 干练,自信　　C. 活泼,朝气　　D. 成熟,稳重

(3)测试分析。

①汇总得分。

男士服饰搭配能力判断测试题汇总“√”的数目,女士色彩搭配能力选择测试题汇总 A、B、C、D 选项的数目。

②男士服饰搭配能力测试评估标准和结果分析。

如果有 9 题以上打“√”,表明您在塑造个人形象方面的能力欠缺;如果有 6～9 题打“√”,

表明您在塑造个人形象方面的能力一般；如果有 6 题以下打“√”，表明您在塑造个人形象方面的能力很强。

③女士色彩搭配能力测试评估标准和结果分析。

选 A 多的人属于春天季节性的、暖色系的人，应着粉红、天蓝、浅绿等色调服饰；选 B 多的人属于夏天季节性的、冷色系的人，应着鲜红、海蓝、草绿等色调服饰；选 C 多的人属于秋天季节性的、暖色系的人，应着中红、靛蓝、海绿、金色等色调服饰；选 D 多的人属于冬天季节性的、冷色系的人，应着大红、鲜蓝、大绿等色调服饰。

2. 基础配色练习。

(1)色相配色练习(同一色、类似色、对比色)。

(2)明度配色练习(同一色、类似色、对比色)。

(3)色调配色练习(同一色、类似色、对比色)。

3. 色调练习。

我们之所以能对丰富多彩的色彩清楚地加以辨别，是因为它们有着各自不同的色调、明度和纯度特征。色调表现色彩的种类，明度表现色彩的深浅，纯度表现色彩的鲜艳程度。

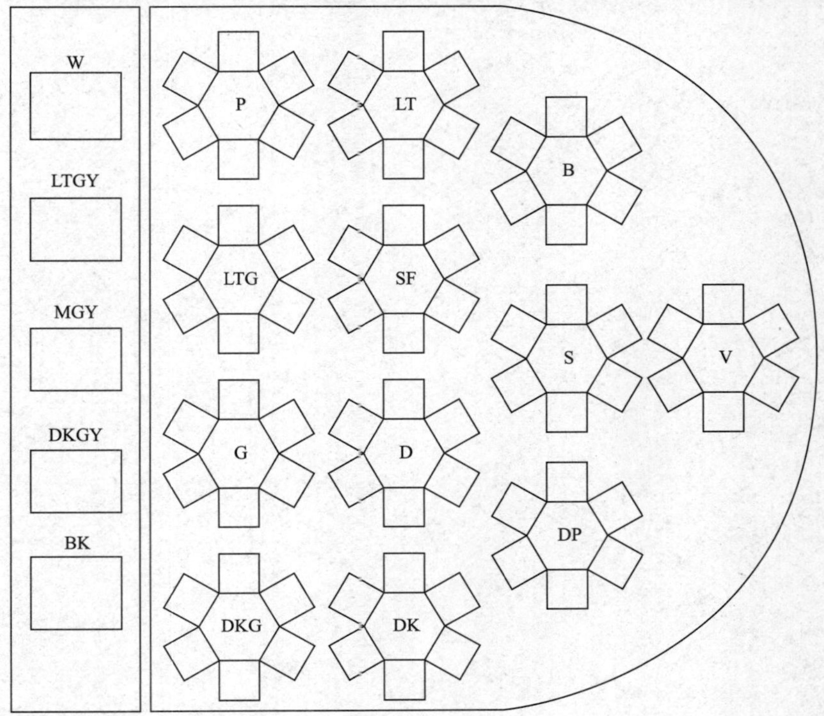

无彩色系列划分为5种色调：白(W)、浅灰(LTGY)、中灰(MGY)、暗灰(DKGY)、黑(BK)。有彩色系列划分为12种色调：鲜的(V)、明的(B)、柔的(SF)、强的(S)、深的(DP)、浅的(LT)、浊的(D)、暗的(DK)、粉的(P)、浅灰的(LTG)、灰的(G)、暗灰的(DKG)。

效果评价

色彩基础综合练习评分表

姓　名		地点		时间	
实训项目	实训考查要点	分值	小组评分	教师评分	最终得分
色彩基础综合练习	基础配色	30			
	色调练习	30			
	熟练运用，配色协调，并能清晰说明色彩带给自己的感受	40			
合　计		100			

复习思考题

1. 简述形象与气质的关系。
2. 举例说明如何将色彩和个人机体特征达到高度融合。
3. 结合职业形象的含义对高速铁路客运乘务人员的职业形象进行定位。

项目二　高速铁路客运乘务人员妆容塑造

学习目标

1. 知识目标
- 了解化妆的基本知识
- 知道化妆的技巧和方法
- 了解高速铁路客运乘务人员化妆的基本原则
- 知道基本的美容与保健常识

2. 能力目标
- 能够根据自身肤质特点选择合适化妆品
- 掌握化妆基本步骤
- 能够化出符合职业要求的工作妆容

3. 素质目标
- 具有化妆上岗的意识
- 具有对美的追求

典型工作任务一　化妆基础知识认知

任务引入

沪杭高速铁路最吸引人的就是"高姐"的微笑服务。这些身材高挑、面容姣好的乘务员一律紫色套裙、白色衬衣,系一条小围巾,形象堪比"空姐"。据杭州客运段介绍,这些"高姐"都是精挑细选出来的,年龄在 18 岁到 22 岁之间,其中 90%具有大专以上学历,有的是空乘专业毕业,有的曾经获得过学校厨艺冠军。

请思考:

高速铁路时代的来临,除了服务好旅客,客运服务人员还需要掌握哪些新的技能?

知识准备

一、化妆的艺术设计元素

化妆是指运用化妆品和工具,采取合乎规则的步骤和技巧,对人的面部、五官及其他部位进行渲染、描画、整理,增强立体印象,调整形色,掩饰缺陷,表现神采,从而达到美化目的。化妆能表现出女性独有的天然丽质，焕发风韵，增添魅力。成功的化妆能唤起女性心理和生理上的潜在活力，增强自信心，使人精神焕发，还有助于消除疲劳，延缓衰老。

(一)三庭五眼

“三庭五眼”(图 2-1)是中国古代关于面容的比例关系的一种概括，也称“三横五竖”，可作为化妆的着色定位的参照尺度。“三庭五眼”是人的脸长与脸宽的一般标准比例，不符合此比例，就会与理想的脸型产生距离。“三庭”将颜面依次分成三等份：上庭从额部发际到眉间点，中庭从眉间点到鼻翼底部，下庭从鼻翼底部到下颌，三庭高度应相等。“五眼”是指眼角外侧到同侧发际边缘，刚好一个眼睛的长度，两个眼睛之间也是一个眼睛的长度，另一侧到发际边是一个眼睛长度。

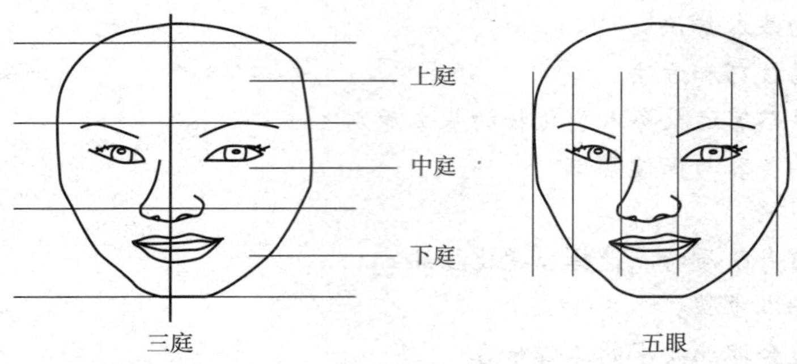

图 2-1　三庭五眼示意图(一)

三庭五眼保证你的五官在平面上的位置比较适中，比较耐看。大众所认可的美女一般都符合“三庭五眼”的标准，如图 2-2 所示。

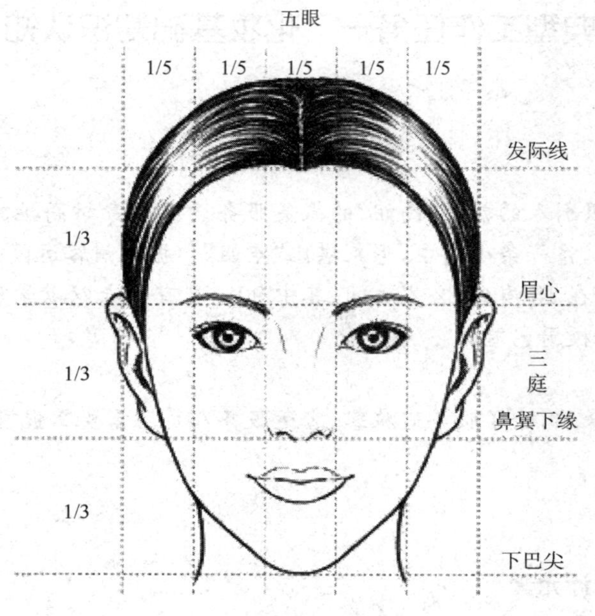

图 2-2　三庭五眼示意图(二)

"三庭五眼"是人的脸长与脸宽的一般标准比例，不符合此比例，就会与理想的脸型产生距离：如果鼻端至下巴的距离与上面二庭不等，就会形成明显的短或长下巴；如果眉毛到鼻端的距离长于另外两个等份，就会形成长鼻子；如果两眼间距离小于一只眼长，鼻梁就会显得太窄；如果两眼间距离宽于一只眼的长度，就会显得五官布局松散，缺乏紧凑感，如"兔子眼"般看上去怪怪的。因此，放眼望，从古至今大凡称得上美女的女子，她们的面部比例无一不符合"三庭五眼"的审美标准。正所谓"增之一分则长，减之一分则短"。有的人虽然面部"零部件"不够漂亮，但面部比例很协调，所以很耐看。现如今，在"三庭五眼"的基础上出现了一个更为精确的标准(黄金分割)，各个部位皆符合此标准，即为美人，具体如下：眼睛的宽度，应为同一水平脸部宽度的 3/10；下巴长度应为脸长的 1/5；眼球中心到眉毛底部的距离应为脸长的 1/10；眼球应为脸长的 1/14；鼻子的表面积要小于脸部总面积的 5/100；理想嘴巴宽度应为同一水平脸部宽度的 1/2。

(二)"四高三低"的认识

"四高"是指侧脸要高的部位：额部，鼻尖，唇床，下唇尖。"三低"是指两眼之间，眉额交界是凹陷的；唇珠上方，人中沟是凹陷的；下唇下方还有一个小小的凹陷。由于人们的骨骼大小不同，脂肪薄厚不同及肌肉质感的差异，使人们的面部形成了千差万别的个体特征。面部的凹凸层次主要取决于面、颅骨和皮肤的脂肪层。当骨骼小，转折角度大，脂肪层厚时，凹凸结构就不明显，层次也不很分明。当骨骼大，转折角度小，脂肪层薄时，凹凸结构明显，层次分明。女性面部凹凸结构过于明显时，则显得棱角分明，缺少女性的柔和感；凹凸结构不明显时，则显得不够生动，甚至有肿胀感。因此，化妆时要用色彩的明暗来调整面部的凹凸层次。具有"四高三低"脸型的人，五官立体，非常漂亮，如图 2-3 所示。

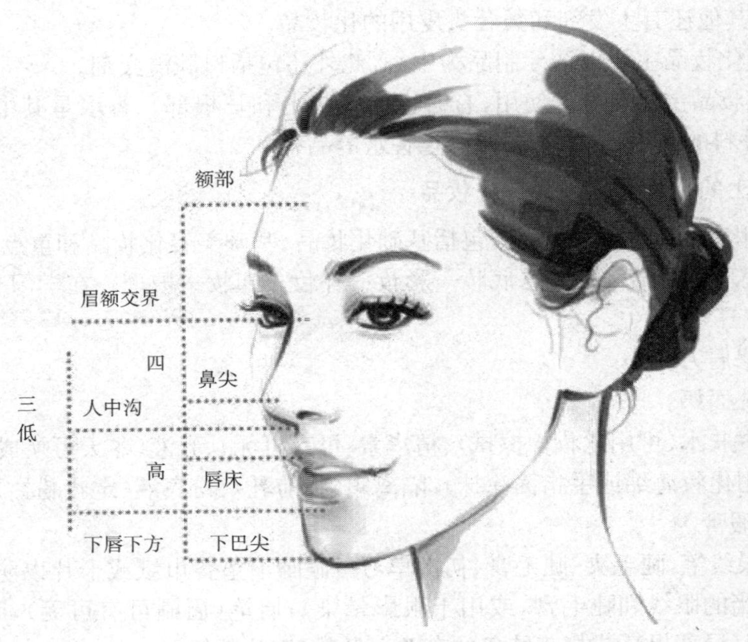

图 2-3　四高三低示意图

(三)观　察

“观察”是化妆的一个重要环节。“观察”的质量将直接影响化妆的效果。化妆是在“观察”的基础上,对面部进行修正。每个人都不可能符合三庭五眼的标准,但是脑海里记住标准美的框架,就不怕不知道从何下手了。学会找出每个人不符合标准的地方进行修饰,是最基本的化妆造型。在化妆前,务必按照三庭五眼的标准,自己观察,正确自己的脸部缺陷。例如,若上庭偏窄,在化妆时可以采用一字眉;上庭偏宽,可使用标准眉或高挑眉。

二、化妆品材料及工具

(一)广义上的化妆品

广义上的化妆品(包括准药品)可以按其使用部位、使用目的、制品的构成成分和形状等进行分类。本书按日常生活中常用的分类法将其分为基础化妆品、美容化妆品、身用化妆品、头发用化妆品、口腔用化妆品和芳香化妆品等。

1. 基础化妆品也称为面部化妆品、皮肤化妆品,以脸面部化妆品为主。其用途可分为清洁、润肤和保护作用。

2. 美容化妆品也可称为装饰用化妆品,除以面部使用为主外,还包括美化指甲的指甲油。面部的美容又分为基础美容和重点美容。

3. 身用化妆品是指在面部以外的皮肤即在人体上使用的化妆品。制品有防晒化妆品、抑汗祛臭化妆品、将多余汗毛进行脱色或脱毛的制品、肥皂、护手膏和浴用化妆品等,也包括较特殊的防虫化妆品(忌避剂)。

4. 头发用化妆品中有清洁用、梳理用和理发用的化妆品,还有化学烫发用的永久性烫发精和染发剂。其他还有生发剂和强壮头皮用的化妆品。

5. 口腔用化妆品主要以洁牙制品为中心,此外还包括口腔清爽剂。

6. 芳香化妆品主要在身上使用,有时也涂在头上和耳根部。香水是其中的代表,但香水中按赋香率(香料的使用率)的不同有科隆香水等品种。

(二)狭义上的化妆品——面部化妆品

狭义上的化妆品指面部化妆品,包括基础化妆品、基础美容化妆品和重点美容化妆品。化妆步骤分为:处理—清洁—护肤—底妆—彩妆—补妆—卸妆—护理。在学习化妆时需要用到了以下工具:

1. 处理:修眉刀。

2. 清洁:洗面奶。

3. 护肤:爽肤水(可用化妆棉擦拭)、精华素(可有可无)、乳液(冬天可换成霜)、润唇膏。

4. 底妆(用化妆海绵或手指面涂抹):隔离霜(妆前乳)、粉底液(定妆粉饼再压一下防止后面脱妆快)、遮瑕膏。

5. 彩妆:眼线笔,睫毛夹、睫毛膏(初次学习可眼睛下垫餐巾纸或卡片以防粘到),棉签(沾水用于去除不当的眼线和睫毛膏,或用于眼影晕染),眉笔(眉刷可有可无),眼影,腮红,唇彩刷,高光和阴影(局部提亮或打暗肤色的东西),散粉(定妆粉饼)。

6. 卸妆:卸妆油(乳)、洗面奶。

7. 护理:面膜、爽肤水、精华素(可有可无)、乳液(面霜)。

出门随身携带粉饼、唇彩、吸油纸、小镜子、护手霜以备补妆润手。

(三)基础化妆工具

1. 上妆前

(1)修眉刀是近几年流行起来的化妆工具。刀刃约 3 cm 长,刀刃上有类似锯齿的构造,异常锋利。它可以像剃刀一样将眉毛齐根割断,修出的眉形比较整齐,也可以方便地修掉眉毛或眼睑上大面积的汗毛。但缺点是不能将眉毛修短。

(2)眉剪。如果拔眉怕疼或者怕感染,可以准备一把头部尖细又锋利的修眉剪刀。它可以将眉毛一根根剪掉,修出整齐的眉形。修剪时,选择弯头的会好用些,如果没有,可到医疗器械商店买一把直头的小号眼部外科手术剪代用。

2. 上妆时

(1)美妆蛋(图 2-4)。美妆蛋是近几年非常流行的化妆用品之一。美妆蛋质地柔软,可以很好地把底妆产品和肌肤很好地融为一体。它的形状设计便于掌握,也有一些有菱角的产品,也可以很好地把底妆推开,让皮肤看起来更加细腻。美妆蛋有斜切形、水滴形和葫芦形三种基本形态。平面可以帮助快速上妆,尖头部分又可以处理小细节。

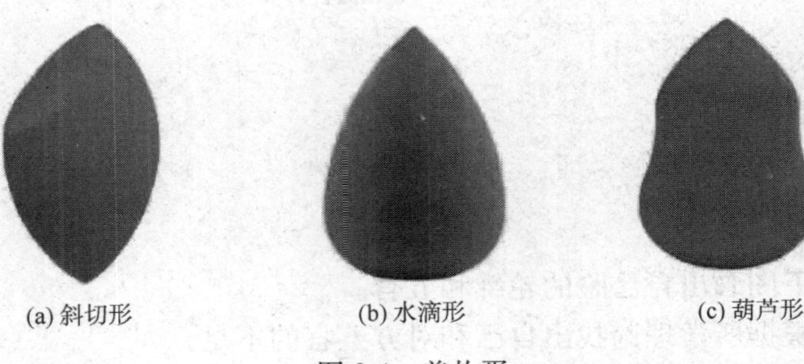

(a) 斜切形　(b) 水滴形　(c) 葫芦形

图 2-4　美妆蛋

(2)粉扑。常见的粉扑(图 2-5)有蜜粉扑和气垫粉扑两种。蜜粉扑一般是干用,表面毛茸茸的,有一定抓粉力,用在定妆步骤。使用手法是轻拍。气垫粉扑已经很普遍了,一般搭配气垫粉底产品使用,有很多气孔,因此打造的底妆更通透自然。

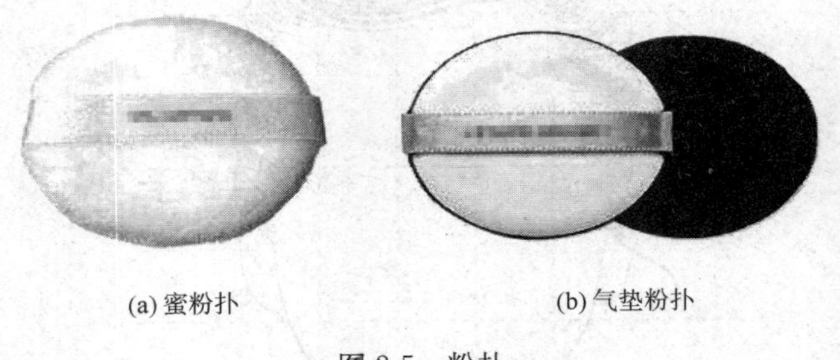

(a) 蜜粉扑　(b) 气垫粉扑

图 2-5　粉扑

(3)化妆棉。化妆棉用处很多,可以浸满卸甲油后敷在指甲表面快速卸掉指甲油,也可以用于拔完眉毛后消毒或给耳孔消毒,或者用于卸干净眉毛或睫毛上的残妆等。

(4)眼线笔。眼线笔是化妆刷家族中最纤巧最细的一支,它个头小但作用不小,除了用作描眼线,也可以用来描唇边或点遮瑕膏。

(5)吸油纸。对于油性肌肤的人来说,无论冬天还是夏天脸上都容易出油,因此随身携带吸油纸很有用。吸油纸为名片夹大小,每盒约 100 张。出门在外开会或晚宴时,如果脸上油脂分泌过多,会感到很不舒服,而且油光满面也不雅观,在没有卸妆后重新化妆时间的情况下,可以用吸油纸吸去脸上的油脂,脸上会重新显得清爽干净,且不破坏原有的彩妆。

项目训练

一、场景设计

(一)实训目的和要求

1. 领会“三庭五眼”“四高三低”。
2. 能够认识到自身脸形的不足。

(二)实训内容

自己先观察,同桌再互相观察对方脸形,正确认识自身脸形的不足。

二、实训步骤

(一)实训前准备

物质准备:镜子、铅笔等。

(二)实　　训

1. 对照镜子在下图画出自己脸的轮廓和五官。
2. 学生和同桌根据所学理论找出自己和对方五官的不足。
3. 思考怎样通过化妆来弥补自己五官的不足。

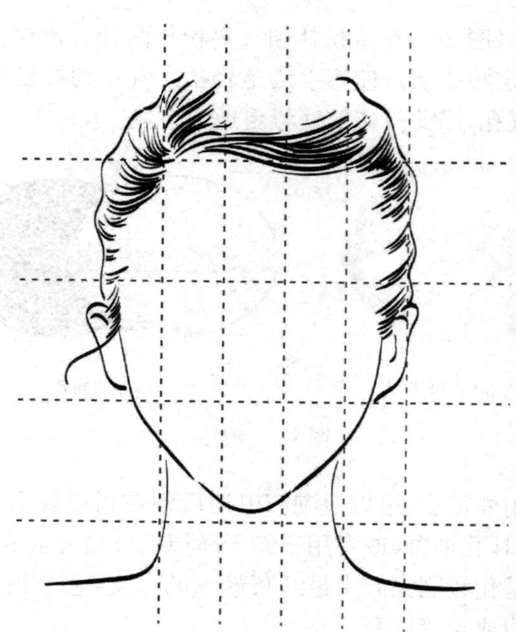

效果评价

三庭五眼自我认知练习评分表

姓　　名		地点		时间	
实训项目	实训考查要点	分值	小组评分	教师评分	最终得分
三庭五眼自我认识练习	1. 能够正确画出自己脸形以及五官	50			
	2. 根据“三庭五眼”理论，找出自己的不足	30			
	3. 思考怎样用化妆来弥补自己五官的不足	20			
合　　计		100			

注：该表可根据实际设计的训练项目进行测评。

典型工作任务二　高速铁路客运乘务人员工作妆容

任务引入

据英国《每日邮报》报道，一位女作家尝试一个月不洗脸，皮肤居然比以前更好。网络上明星纷纷亲测，证实“不洗脸，皮肤会变好”。为了皮肤的健康，我们确实不要洗脸吗？这里说的不洗脸可不是指彻底对脸不管不顾，而是只用清水洗脸，不用任何化学的清洁产品。“不洗脸”并不是说完全不做任何清洁。想象一下，肌肤每天新陈代谢分泌的油脂与外界环境中的灰尘、细菌等污染混杂在一起，你却置之不理任由它们在脸上堆积，时间一久，可能导致毛孔堵塞，造成黑头、粉刺等肌肤炎症问题。

“不洗脸，皮肤会更好”只适用于干性肌肤和敏感性皮肤，以及因过度清洁变得干燥脆弱的皮肤。不用任何化学的清洁产品，让皮肤自己构建出一个相对平衡的水油环境。如果你是超级敏感的皮肤，也不妨尝试一下经常用清水代替洗面奶来清洁面部。但即使是这样，也建议你不要每天都只用清水。尤其是在化妆之后，专业、彻底的清洁工作才能保持毛孔的通透干净，否则，彩妆和污垢残留比使用洗面奶的伤害要大得多。其实，适当用清水洗脸的关键是想让皮肤进行自我修复，但如果清水不足以清除你脸上的污垢，应使用适合自己的洁面产品。

请思考：

1. 这篇小阅读告诉我们什么？
2. 根据你的肌肤特点，你觉得应该如何清洁你的肌肤？

知识准备

一、皮肤的基本知识

脸部皮肤的肤质大致可分为以下五种：中性皮肤（不干不油）、干性皮肤（全脸干）、油性皮肤（全脸油）、混合皮肤（T 区油，两颊干）、敏感皮肤（发红、干、痒、痛）。敏感皮肤之外的其他四种类型基本上是根据出油量多少来进行划分的，其特征及护理方法见表 2-1。

表 2-1　不同类型皮肤特征及其护理方法

皮肤类型	特　征	护理方法
干性皮肤	毛孔细小，表面几乎不泛油光，极易形成表情纹，尤以眼部及唇部四周最为明显。干性皮肤容易产生紧绷感，如果缺乏滋润，皮肤会干燥、粗糙、脱皮或龟裂，易产生皱纹。如果不护理，则容易长细纹，比较容易脱皮和长斑	洁面后要马上抹保湿效果良好的化妆水和乳液、营养霜、精华液，供给皮肤所需的营养成分和水分。干性皮肤因干燥，受外部刺激而变得敏感，容易起细小皱纹，提早出现皮肤老化现象。所以在早、晚基础护理中，容易起细小皱纹的眼角、嘴角等部位一定要使用眼霜
中性皮肤	比较理想的肌肤，不仅不油、不干、不过敏，而且长痘概率非常小，也不易长皱纹和脱妆。中性皮肤看起来很健康且质地光滑，有均匀的油分和水分，很少有痘子及阻塞的毛孔。夏季时 T 界部位略为油腻，冬季偏干。随着年龄的增长，会转变为干性，所以中性皮肤也需要护理	中性皮肤可以称为油分、水分均衡的健康的皮肤状态。护理中性皮肤的重点是保持皮肤水分和营养的均衡。春，夏季要做以清洁为主的清爽的皮肤护理，秋、冬季做给皮肤增加营养的滋养护理，而且定期地做按摩和面膜，促进皮肤的新陈代谢
混合性皮肤	既有油性部位，又有干性、中性部位。一般情况下，T 形区为油性皮肤，脸颊等部位为干性或中性皮肤。混合性皮肤看起来很健康且质地光滑，唯在 T 形区——额头、鼻子、至下巴的区域有些油腻，而两颊及脸部的外缘有一些干燥的迹象 此类皮肤 T 形区最易产生粉刺、暗疮问题，但是两颊的皮肤绷紧又干燥，经常起角质，具有油性和干性皮肤的特征	控制 T 字部位分泌过多皮脂的同时，给容易粗糙的两颊和眼部、嘴部周围供应充足的水分是必要的。洁面时，额头、鼻子周围要更细心地按摩，祛除干净多余的皮脂和老化物。皮脂分泌旺盛，毛孔容易变粗的 T 字部位，使用收缩毛孔效果优秀的收敛化妆水，沾到化妆棉上，放一会儿效果也很好。U 字部位很容易缺乏营养和水分，所以要使用营养霜和精华液细心地涂抹
油性皮肤	油性皮肤较不易形成皱纹，因为表面大量的油脂助上层的皮肤保留水分，免受环境中干燥因素的侵害。但是，油性皮肤的 T 形区非常容易出油，脸颊容易毛孔粗大。这些区域是非常容易长痘痘的。所以对于油性皮肤，需要做好控油、补水和保湿工作	油性皮肤一定要注意清洁。尽量避免油脂增多，补充充足的水分，防止成为缺乏水分的油性皮肤。选择使用清爽的洁面水、洁面巾、洁面乳等产品，随后再使用泡沫洁面霜进行双重清洁工作。早、晚皮肤护理时要选择使用调节皮脂，同时保湿效果良好的基础护肤品。皮脂分泌特别多的 T 字部位，可以用收敛效果良好的化妆水

二、清洁肌肤

我们在生活中都会进行皮肤清洁，让皮肤保持干净健康的状态。但是清洁不彻底、过度清洁、清洁方法不适合自己等错误的清洁方式会对皮肤带来伤害。因此，合理清洁皮肤是护肤工作的重中之重，做好皮肤清洁，才能提升皮肤健康指数。

清洁是皮肤保养的基础。在做护肤时，清洁卸妆的重要性往往被忽视，殊不知一切营养品若要发挥其功效，都必须进入到经过彻底清洁且毛孔内没有污垢阻碍的深层皮肤组织中。在护肤前，有必要先做一个完整有效的清洁计划。

（一）卸　妆

卸妆是护肤过程中一个重要的阶段，浓妆艳抹之后要卸妆。卸妆会直接影响皮肤的清洁质量。毛孔粗大、痤疮、粉刺甚至干燥缺水等皮肤问题，很多都是由于卸妆不干净引起的。此外，彩妆残留还会令皮肤过早衰老，呈现与年龄不一致的状态。就算没化妆也是需要卸妆的，我们的皮肤每天都在受到不同程度的污染，如果皮肤里的垃圾排不干净，就会容易堵塞毛孔，然后引发一系列的皮肤问题。

市面上的卸妆产品五花八门，大致可以分成三类，见表 2-2。

表 2-2　卸妆产品分类

卸妆产品	特点及使用方法	适用皮肤类型
卸妆乳	乳状质地，是容易涂抹的卸妆品。使用后很容易用纸巾或水清理干净，性质温和，适合淡妆。使用时先取适量在手心搓热，然后用手指均匀地涂抹在脸上，使其与彩妆融合后，用温水冲洗干净	卸妆乳的卸妆能力普遍平平，所以一般用来卸除淡妆，适合干性皮肤、中性肌肤、混合性肌肤使用
卸妆油	以油卸油，通过油性成分，使面部油垢浮起，建议化浓妆时使用。基本成分为矿物油、合成脂或植物油。这类产品除了可将化妆品溶解，还能深层清洁毛孔，适合卸浓妆。卸妆油需要乳化，乳化不干净时很容易致痘	适合卸浓妆，以及使用了蜜粉、粉底液、持久型、防水型化妆品的妆面。油性皮肤、敏感肌与痘痘肤质慎用
卸妆水	不含油分，根据不同的配方分为弱清洁和强力清洁两大类。前者用来卸淡妆，使用后感觉十分清爽；后者适合卸浓妆，但容易使肌肤干燥，问题肌肤不宜长期使用。因为是水样的质地，所以使用起来非常清爽，而且卸妆能力丝毫不比卸妆油差	一般是卸除水性彩妆用的。特别适合油性肌肤、适应性较强肌肤、青春痘肌肤和偏爱清爽质感的人使用，但不适合干性及敏感性肌肤

(二)洁　　面

良好的洁面方法，简简单单提升肌肤靓丽指数，达到让你心动的效果。洁面不同于卸妆，卸妆是以卸去脸部彩妆为首要目的，而洁面则能进一步清除残留在肌肤表面的尘垢、汗渍和脱落的角质，让肌肤真正处于洁净无负担的清爽状态。

不同肌肤的洗脸窍门如下：

1. 敏感肌肤：选择不添加香料、色素和防腐剂等应变原成分的低敏洁面产品，并且只使用一般人的 1/3 按摩力度洁面。

2. 干性肌肤：在选用洁肤品时，宜用不含碱性物质的膏霜型洁肤品，用温水洗脸，有时也可不用洁肤品，只用清水洗，之后立刻使用化妆水保湿。

3. 油性肌肤：不要用热水，而用温水洗脸，以免刺激毛孔让油脂分泌更旺盛；轻柔洗脸，以免洗去皮脂，造成分泌更多的油脂；洗面的次数不用太频繁，但应定期去角质及深层清洁。

4. 混合性肌肤：干燥部位轻轻按摩，并用棉片擦净；油性部位用皂性洁面品清洁；洁面后在两颊部位用保湿乳液。

(三)不要过度清洁

正确的清洁概念应该是：油性皮肤一天洗两次脸，去油的洗面奶只需要在晚上使用，中午出油可以用温和吸油面纸解决；中性皮肤一天洗两次脸，使用 pH 酸碱度适中，洁面后几分钟内不觉得皮肤干涩，也不会在脸上形成一层油脂薄膜的洁面产品；干性皮肤早晨的洁面可以用清水代替，晚上适合用温和但有清洁力的洁面产品。

三、基本化妆步骤

(一)彩妆前护肤

1. 洁面

洗脸是我们每天必做的一项护肤工作，用错洗脸的方法，会导致痘痘、黑头等皮肤问题。

2. 化妆水

爽肤水、柔肤水、收敛水统称为化妆水。

(1)清洁型化妆水适合油性肌，含有酒精成分的化妆水有再次清洁、收缩毛孔、抑制油分的作用，多数适宜油性肤质使用的化妆水中同时含有软化角质的成分，可帮助油腻皮肤加速清除老化细胞，使肌肤更清爽。

(2)保湿型化妆水适合干燥肌、混合肌，其最大的功能就是帮助肌肤补充充足的水分，调节肌肤的水油平衡。

(3)美白防晒型化妆水适合敏感肌，含有植物美白成分的化妆水不仅可以起到二次清洁的作用，同时也可以通过水分的迅速渗透在肌肤表皮层形成隔离保护膜，从外部防护皮肤免受紫外线的侵害。

3. 润肤霜(乳液)

要选择适合皮肤的乳液、润肤霜。涂抹润肤霜(乳液)的时候，先要在脸颊两侧均匀涂抹，然后再涂抹额头部位，其次是下巴和侧脸部位，每个部位都要通过均匀涂抹，由下向上、由内向外在全脸拍匀，这样能够让营养物质深入到肌肤内部，使效果更好。

(二)彩妆的步骤

1. 粉底(液状/膏状)

打底做好之后，上妆第一步就是涂粉底液。选择接近肤色的粉底为基础底色，用化妆海绵蘸取少量粉底由内向外，全脸均匀地拍擦，切忌来回涂抹。如果肤色不好，可擦抹两遍以上粉底，每遍宜薄不宜厚，防止出现边缘线。可多上两层以保证遮盖力，如有痘痘、痘印或斑点，瑕疵处可用遮瑕笔遮盖。

2. 遮瑕膏

涂完粉底看看脸上有哪些瑕疵的部分需要修正，此步骤主要是针对脸部有痘痘、痘印、疤痕的女性。将遮瑕膏轻轻点在脸部有瑕疵的部分，少量多次，用以遮盖。

3. 散粉定妆

散粉种类有透明散粉、肤色散粉、深色散粉，一般选择适合肤色的散粉，将粉扑均匀蘸取散粉(粉量以粉扑向下，粉不落地为宜)，轻轻按压全脸，然后用大粉刷刷去多余散粉。定妆这一步很重要，可以令粉底以及涂上了遮瑕膏的脸部持久不脱妆，也能让皮肤看起来更完美，同时为后面的上妆步骤做好准备。

4. 眼妆

(1)眼影。可先选择浅色的眼影，蘸取眼影后在背上确认用量，调到理想的浓度。用平涂的手法平铺上眼睑，然后选用深色眼影从睫毛根部开始描画眼影，靠近睫毛根处的眼影颜色最深，向上颜色减淡，色彩与色彩之间不能有明显的分界线，色彩要过渡自然，画出晕染效果。

(2)眼线。可用眼线笔、眼线液或眼线粉在上下睫毛根部画上眼线，新手可以采用分段式画法，将整条眼线分三段来画，最后连接起来，也可以在上内眼睑画上内眼线。之后，小幅移动着描画填补睫毛根部空隙。最后，用棉花棒拖曳眼尾眼线，往后自然晕开，好让收尾的地方看起来不那么尖锐。

(3)睫毛膏。刷睫毛膏之前，先用睫毛夹卷翘睫毛。为了得到最佳效果，将睫毛分为根部、中间、尖端三部分分别卷翘。横握毛刷,从睫毛根部开始向尖端仔细涂刷。涂上睫毛时眼睛向下看。反复涂几次,最后用睫毛梳将睫毛梳齐,将多余的睫毛膏清除掉。

(4)眉毛。用眉刷蘸适量眼影粉刷出眉形,然后用眉笔将眉少的部位一根一根的按其生长方向画出来。眉形好的人只需用眉刷刷上同色的眼影粉。注意眉头不要画得太实,应该“两头浅,中间深”“上面浅,下面深”,并且有毛发的虚实感。

5. 唇妆

(1)润唇膏。首先涂上无色护唇膏给嘴唇滋润,这个步骤目的是让嘴唇补充好水分。做好唇部保湿,唇部才容易上妆。

(2)唇膏/唇彩。在涂唇膏时,最好的办法不是直接涂在嘴上,应该采用唇刷。如果想让你的嘴唇看起来丰润,可以在涂抹时尽量把唇中部涂得丰厚一些,然后再慢慢拉向嘴角,注意嘴角涂得一定要浅而窄,这样唇部看起来就非常莹润可爱了。

6. 腮红

用大号粉刷沾取少量腮红粉,从颧骨往太阳穴方向扫去,注意不要沾太多粉,不要有边缘线,应是似有似无的感觉,看不出腮红从哪开始,在哪结束。

7. 修容

先阴影,后高光。用深色修容粉在面部的外轮廓、鼻侧影部涂抹均匀,达到修饰脸形的作用。要注意过渡均匀,衔接自然,不能出现边缘线。

选择比基底色明亮的粉作为高光色,用于眉骨、鼻梁、下眼睑、颧骨和面部突出的部位提亮,宜薄不宜厚,不能出现边缘线。

四、化妆详解

(一)粉　底

1. 粉底的基本种类

一款好的粉底是获得完美底妆的必要条件,粉底的基本种类有四种:粉底液、粉底霜、粉底膏、粉饼,其特征及适用肤质见表 2-3。

表 2-3　不同类型粉底的特征及适用肤质

类　型	特　征	适用肤质
粉底液	粉底液分为液体型粉底和湿粉状粉底。液体型粉底油脂含量少,水分含量较多,比其他种类粉底更能充分地表现出水的性质,化妆后显得温润、娇嫩、自然,适合于干性皮肤和淡妆使用。湿粉状粉底的油脂含量比液体型粉底多,有一定的遮盖性,能充分显示皮肤的质感	适用于干性、中性皮肤和影视妆
粉底霜	霜制粉底质地介于粉底液和粉底膏之间,像黏稠的奶油,没有流动性,易推开,但是遮瑕度要比大多数的粉底液强很多,粉底液只能够遮住脸上的小瑕疵,后续需要用遮瑕,而粉底霜能遮住大部分的瑕疵,黑眼圈也能遮掉一点,并且含有很多的滋润成分	特别适合冬天使用。粉底霜也更适合强光下的场合,比较完美而精致的肤质妆容。适用于油性、混合性、中性皮肤和影视妆

续上表

类　型	特　征	适用肤质
粉底膏	粉底膏的质地是偏干的膏状，干性皮肤使用时最好混合精油或是保湿精华使用。具有较强的遮盖力，妆效非常持久	适用于面部瑕疵过多及浓妆；适合油性及混合性皮肤
粉饼	粉饼其实就是压缩定型的散粉，按照使用方式的不同分为干用、湿用及干湿两用型。干粉的效果和散粉一样，是在底妆之后起到定妆、控油或简单润色的作用；湿粉用来打底，和粉底膏类似；干湿两用粉饼具有粉底和蜜粉的双重功效，湿用可以起到粉底的效果，而且可以遮瑕；干用也有一定的遮瑕力	可以补妆或补防晒，也可以起到定妆、补妆、祛除油光的作用。适合多种肤质

2. 如何选择粉底

粉底的选择主要从肤质和肤色两个方面考虑。干性的皮肤需要选择滋润保湿好的粉底液，增加皮肤的滋润度；油性皮肤则要选择无油配方或控油效果好的粉底；混合型肌肤，在T区容易出油的部位宜选择控油效果好且哑光的粉底，干燥部位则选用滋润的粉底。

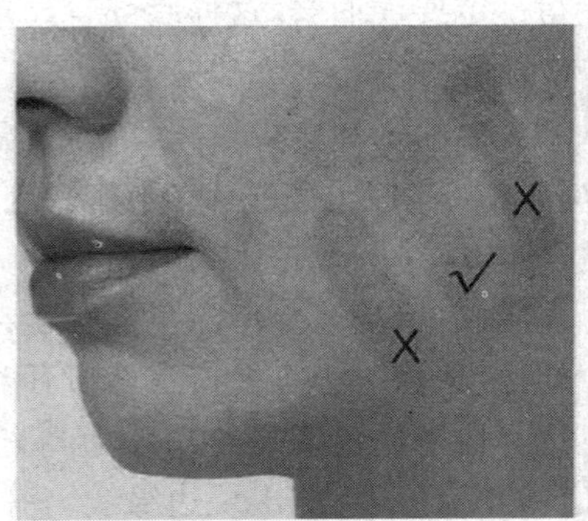

图 2-6　粉底试色

粉底一开始的作用只是为了改善肤色，使肤色看起来更均匀，所以并不是越白越好，而是要选择贴近自己肤色的粉底。将粉底涂到脸和脖子的交界处(图 2-6)，看哪个颜色最贴近肤色，就选哪个。

3. 打底的方法与定妆

(1)拍拍手法：用食指、中指及无名指三个手指的指腹轻轻地在脸上拍打。这种手法可使粉底和皮肤很好地融合为一体，不易掉妆，同时它也是一种最为保险的按摩，不会因此产生皱纹。对于脸上有雀斑、黄褐斑及过于发红的面庞最为适合。

(2)拍擦手法：用食指、中指及无名指三个手指的指腹往面部轻轻拍打下去之后，立即将手指滑向一边。这种手法可使粉底涂得均匀自然，不留过多的化妆痕迹，是日常化妆中使用最多的一种手法。

涂抹粉底时，最好用海绵扑而不用手指，使用时先将海绵扑浸湿温水，再挤去其中的水分，拧成九成干后蘸上粉底，用上述手法涂抹。注意发际处、耳根及颈部也要涂抹到，使面部皮肤和周围皮肤相衔接为一体，而不要使打粉底和不打粉底处的皮肤界限分明。粉底要涂得薄，不能涂得厚厚一层，给人一种看上去不清晰，像套上面罩的感觉，如果有必要，宁可涂两层薄薄的粉底。上完粉底后用手指压一压，如果留有手指的指纹，那么就是涂得过厚，如果感到滑溜溜的，那么就是涂得还不够，最佳的效果是手指感觉光滑但不腻。

4. 定妆

定妆使用定妆粉和定妆喷雾，定妆粉又称为散粉、蜜粉，具有吸收面部多余油脂、减少面部油光的作用，可令妆容更持久、柔滑细致。定妆喷雾是用于化妆结束之后在脸上让妆容牢固透亮，也可以在定妆粉之后再使用，进一步加固妆容。

用散粉刷蘸上散粉之后，在散粉盒边缘轻轻敲击两下，去掉粉刷上多余的散粉，然后把散粉刷轻轻扫过全脸，眼部和嘴部可略少，阴影处可略多，涂抹完毕之后，用定妆喷雾做最后的定妆。将喷雾均匀细密地喷洒到面部，等喷雾自然干燥之后，就有了一个干净透明的妆容。

(二)眉形化妆

眉毛是眼睛的框架，它为面部轮廓增加立体感，对妆容起到决定性的作用。画好眉毛不仅能弥补眉毛自身生长不同，改善眉形，让妆容看起来精致，同时，选择合适的眉形，还能修饰脸型。

1. 眉形的结构特征

眉毛平均分为三等分：眉头、眉腰、眉峰、眉尾。眉毛的内端为眉头，外侧较细端为眉尾，眉头与眉尾之间为眉腰，略呈弧线状，弧线的最高点为眉峰。眉形的设计主要是确定眉头、眉峰、眉尾的位置(图 2-7)。

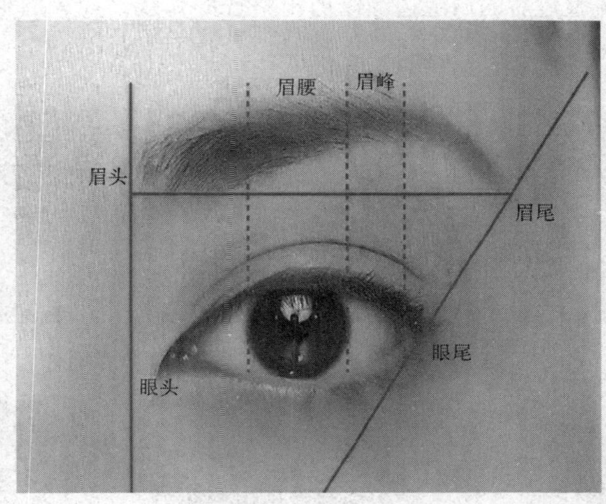

图 2-7　眉毛

(1)眉头

标准眉形的眉头应由内眦的正上方开始，两眉之间的距离可容纳一只眼睛的宽度，这就是标准型。眉头如果在内眦正上方的内侧，则属于向心眉，给人造成一种面部的紧张感。如果太过于内侧，会显严肃而压抑。

(2)眉峰

东方人的眉峰，也就是眉毛最高点，是从眉头算起三分之二的位置为标准。眉峰的位置是鼻翼和眼珠外侧边缘的切线，向上延伸至眉毛，那里就是眉峰的位置。

(3)眉尾

在鼻翼和眼尾连线，延伸到眉毛处，就是眉尾的位置。

一般来说眉尾有三种类型：

①上升眉尾：眉尾偏离水平线而上升，具有曲线美，能使面部看起来有纵长的效果，感觉充满灵气与活泼。

②下降眉尾：眉尾下降超过水平线，这种眉形感觉和蔼可亲，下降的幅度不宜过大。

③水平眉尾：水平眉尾具有弥补面部过长的缺点，感觉温和与平静。

2. 修眉的方法

修眉(图 2-8)是一门技巧性很高的技术,由于大多数人的眉毛都存在不同程度的缺陷,所以修眉是对眉毛的造型、形状、轮廓、线条进行人工修整,使其与整体面部妆容相协调。

(1)正向面对镜子,用眉刷将眉毛刷顺,然后将眉刷平放在两眉上方,检查两边眉峰的高度,如果两边高度差未超过 0.3 cm,才需要修眉峰,尤其是初学修眉,不建议修整眉峰,会很容易破坏掉完整眉形。

(2)先将眉眼间的大范围杂毛,用刮眉刀剃除。

(3)用眉钳拔除眉下沿散乱的小毛和眉两端多余的毛,拔的时候要夹紧根部,一根一根沿着毛生长的方向向外向上拔。注意只要慢慢拔除边缘的杂毛即可,拔太多会让眉毛产生空隙。

(4)利用眉梳或眉刷,由眉头向眉峰的位置,将眉毛梳顺。眉峰到眉尾的眉毛则要往下梳。

(5)利用眉剪,把梳整过后的眉毛边缘修剪出整齐的弧线。如果眉毛太长,可用钢梳将眉毛挑起后剪短。

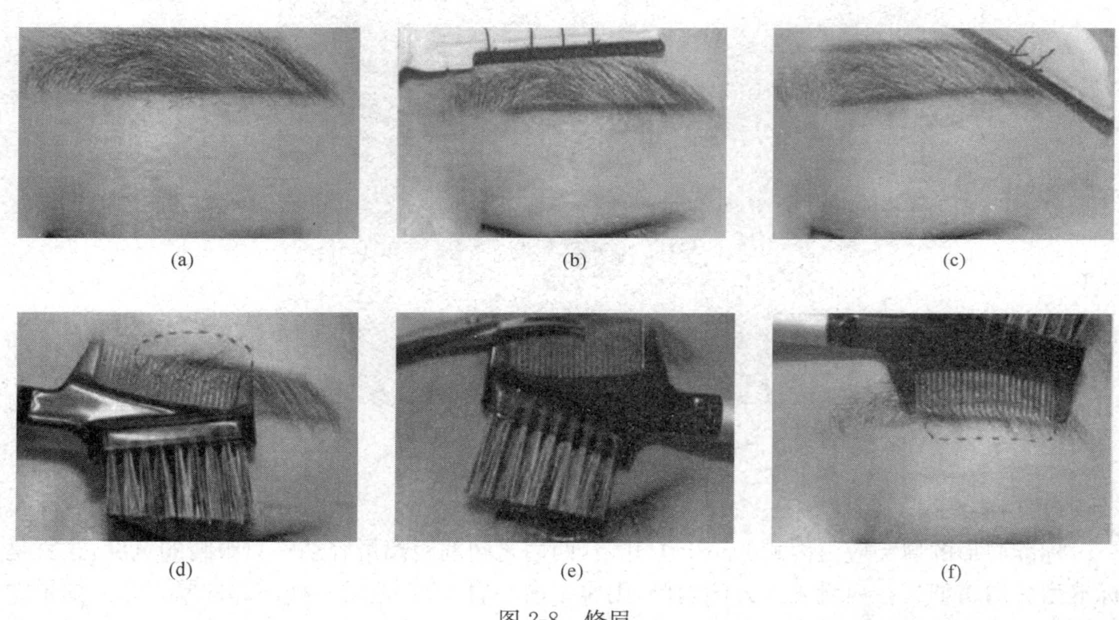

(a) (b) (c)

(d) (e) (f)

图 2-8 修眉

3. 画眉的方法

眉毛是立体的。一方面,由于眉毛自然生长的浓密程度各不相同,眉头眉梢较为稀疏,色泽浅淡,眉腰的眉毛较浓密,色泽深。另一方面,眉毛是高出皮肤表面的一撮毛发,每个部位的受光情况也不相同,产生了不同的明暗。眉毛的上缘受光好,较为浅亮;眉毛的下缘不直接受光,较为深暗。所以,眉毛是有明暗变化的立体形态,一般来讲,两头虚,中间实,上面虚,下面实。在描画时应依据眉毛的自然生长规律和明暗变化,才会把眉毛画得真实生动。切忌画出生硬的轮廓线,使眉毛失去真实感。常用的眉色有深棕色、灰色和黑色。

深棕色的眉笔一般用于淡妆,自然、写实、时尚;黑色的眉笔可用于眉腰,强调出眉毛的立体感,并使眉毛的力度加强。灰色的眉笔可使整体眉毛深浓而又真实不生硬。简单画眉手法如图 2-9 所示。

(1)加深颜色。选出与自己头发颜色相近的眉笔,顺着眉毛填充颜色加深颜色,着重眉腰到眉尾位置。

(2)延长眉形。如果眉毛本身较短,则用眉笔轻轻画出眉尾,画尾巴的时候要慢一点,不要画得太粗,自然的一笔带过即可,延长眉毛视觉效果。

(3)补充眉形。用液体眉笔在眉形空白处轻轻描画出一根根眉毛,使之与自己本身眉毛融为一体,增加自然感。

(4)调整淡化妆感。最后用眉刷沾上白色的眼影在眼头位置轻轻地扫一扫,淡化眉头的妆感,让妆容更自然。

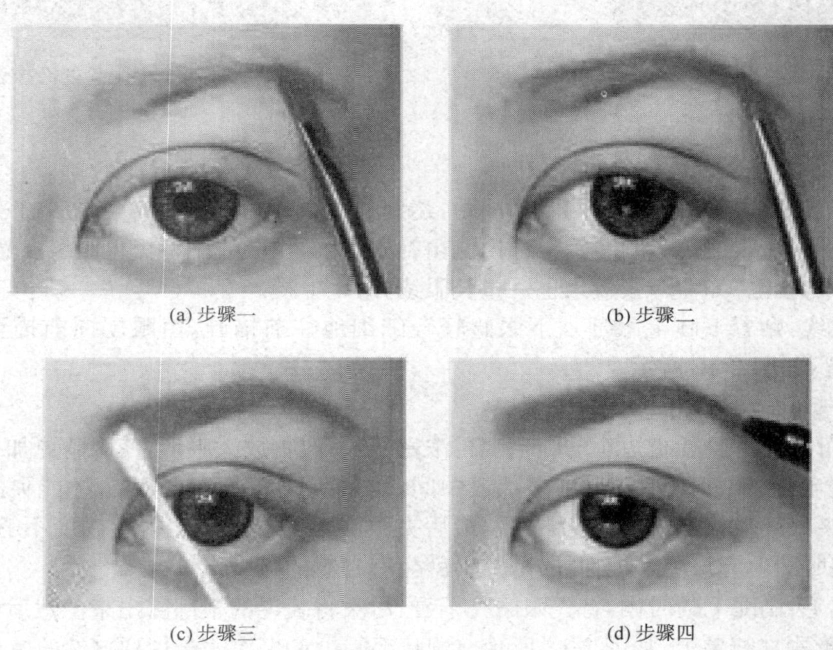

(a) 步骤一　(b) 步骤二

(c) 步骤三　(d) 步骤四

图 2-9　画眉

(三)眼部化妆

眼部化妆包括眼影、眼线、睫毛和双眼皮四个部分。

1. 眼影

眼影颜色的选择与层次表现

(1)第一层——浅色。浅色涂在希望突出或扩张的地方,一般是明亮度高的颜色。常用的浅色眼影有白色、米色、象牙白、浅粉等。在整个上眼睑涂抹浅色眼影,如图 2-10 所示。

(2)第二层——表现色。表现色是眼影中最引人注目的颜色,只要搭配得当,任何颜色都可以成为表现色。在半个上眼睑处涂抹表现色,睁眼时能看到眼影,如图 2-11 区域 B 所示。

(3)第三层——深色。深色涂在希望凹陷或收缩的地方,一般是偏冷的颜色。常用的深色眼影有棕色、灰色、橄榄色等。在双眼皮线的尾部涂抹深色眼影,从后往前涂抹,如图 2-12 区域 A 所示。

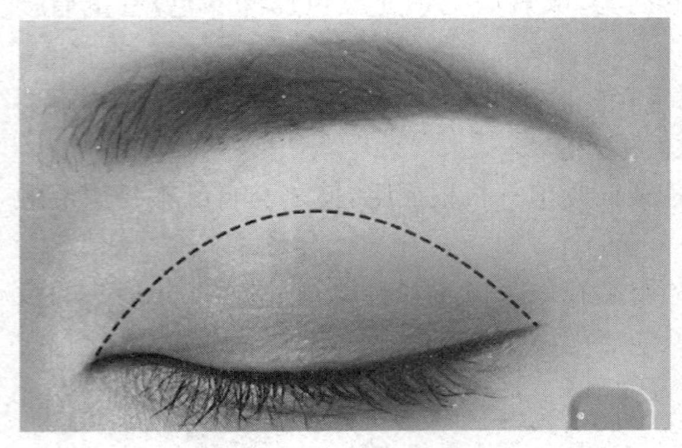

图 2-10　整个上眼睑涂抹浅色眼影

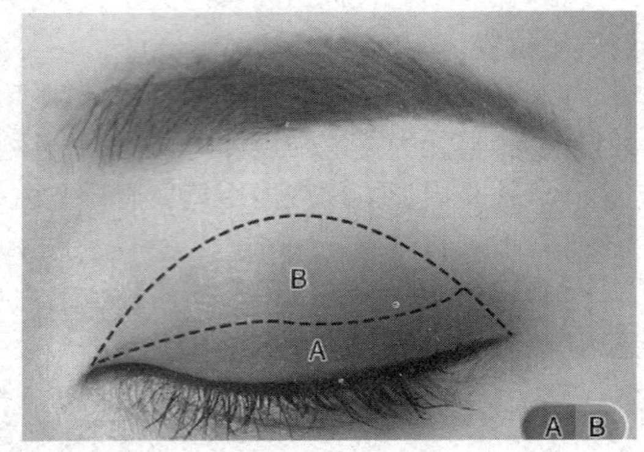

图 2-11　半个上眼睑处涂抹表现色

2. 眼线

眼线通过调整眼睛的轮廓和两眼的间距，达到强化眼神和拉长或放大眼形的效果。

(1)上眼线：用眼线笔紧贴睫毛根部内侧填补黑眼线，用眼线刷将黑色眼线自然晕开，让过渡更加自然不突兀。如需夸张效果也可拉长眼线，眼尾上提。

(2)下眼线：贴着下睫毛根部从下眼睑轻轻细细地往前描画，由眼尾向前描至距离眼尾1/3 处的位置，如图 2-12 所示。

3. 睫毛膏

睫毛膏可以使本身稀疏短小的睫毛变得浓密纤长，改善放大眼形，使眼睛更加神采奕奕。

(1)夹睫毛：夹眼睫毛不要只夹根部或中间，而是应该分三个部分夹，才能夹出完美的弧度。首先应夹眼睫毛根部，再夹睫毛中间，最后夹眼睫毛前端。若觉得卷翘度不够，可以重复多夹几次，夹眼睫毛应该要轻轻地往外拉夹，就会有自然的弧度。

(2)上睫毛：刷睫毛的时候，首先眼睛往下看，尽量将睫毛的根部露出来。然后将睫毛刷均匀地用 Z 字形刷在睫毛上，如图 2-13 所示。刷睫毛需少量多次才会达到自然的效果。

(3)下睫毛：眼睛向上看，将睫毛膏以直拿的方式一根根轻刷下睫毛。

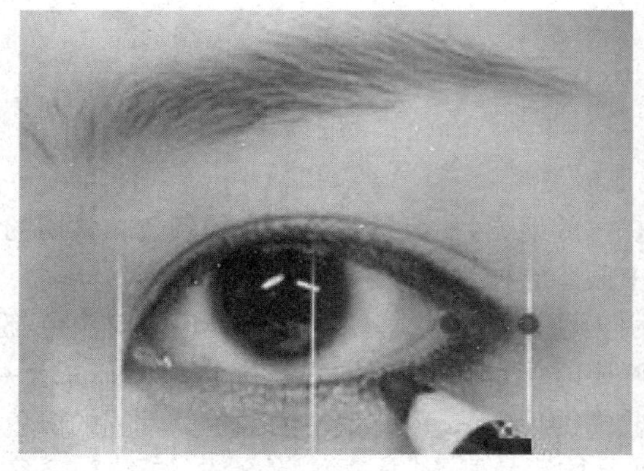

图 2-12　眼线的涂法

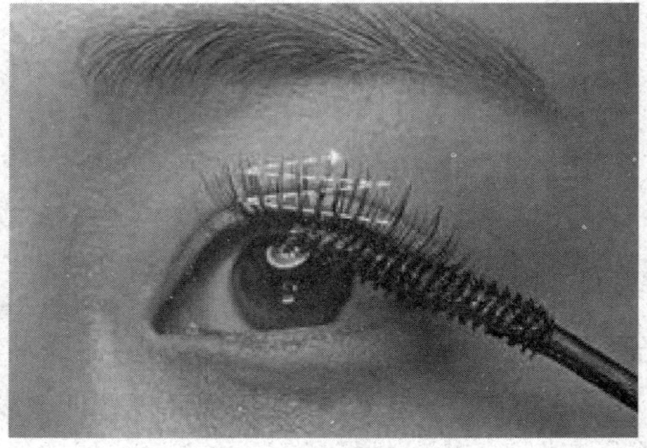

图 2-13　睫毛膏的涂法

(四)腮　　红

1. 颜色的选择

(1)白皙肌肤

适合浅系的腮红,如粉色,浅桃色等。这类颜色的腮红容易与整体妆容搭配,看上去自然不突兀,就像皮肤本身的颜色和光泽一样。

(2)黄色肌肤

适合亮粉色、玫瑰色或金棕色的腮红,它能中和肌肤本身的厚重感和不太健康的颜色,令人看上去健康活泼。

2. 不同脸形的腮红画法

不同的脸形,腮红的画法并不相同。合适的腮红能够起到修饰脸形的作用,如图 2-14 所示。

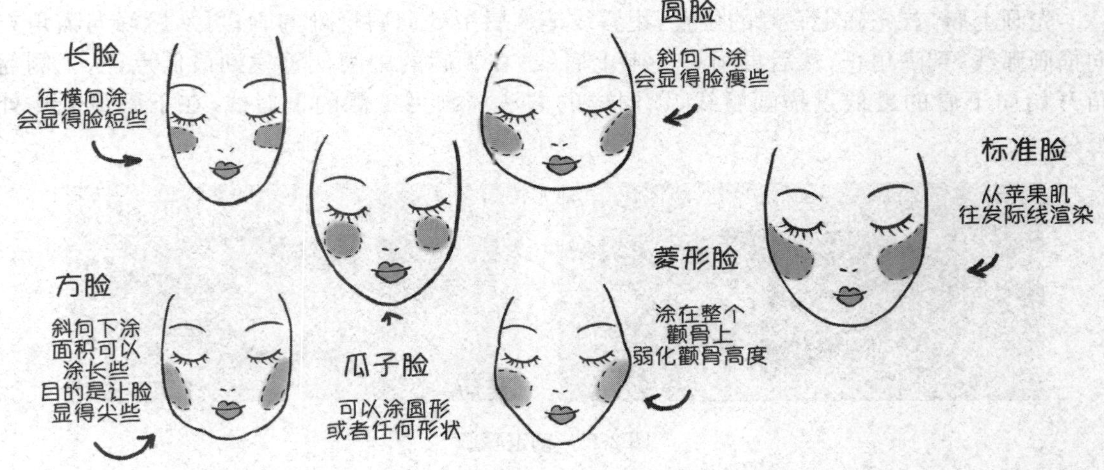

图 2-14　不同脸形腮红的涂法

(1)标准脸

找到笑肌的最高点,将腮红打在突起来偏下的地方。先在颧骨位置按压,再用斜角往上晕染,从苹果肌往发际线晕染,面积不宜过宽。此方法适合所有脸型。

(2)圆脸

采用斜打腮红的方式,在笑肌处画出一个小角,顺着发际线画出一个弧度,角度稍微斜一点,然后打圈到苹果肌最高点打止,能有提拉的效果,还能凸显颧骨,最后在下颌处暗影粉打个阴影会更加立体。

(3)长脸

将腮红从苹果肌横向往外打圈,这种横向外打圈能够拓宽脸,非常适合长脸。然后可以在颧骨扫上高光,能让视觉效果更饱满。也可以将腮红扫在眼下,这样能让脸看起来没那么长,而且非常可爱。

(4)方脸

方脸又称"国字脸",这种脸形方方正正,缺乏柔和感,因此刷的时候尽量圆润地刷,由颧骨往鼻子的方向刷，可以选颜色深一些的腮红。

(5)瓜子脸

瓜子脸脸形偏瘦，避免选择冷色调腮红，选择饱满的色调会使脸显得圆润，在涂腮红的时候可以把腮红位置稍稍降低些，往颧骨下多扫些，往后扫至耳根处。

(6)菱形脸

菱形脸上窄中宽下窄，因此涂腮红时要在苹果肌位置进行晕染，只能晕染在苹果肌上，不能晕染到下方，同时在眼部下方进行填补过渡，这样感觉腮红集中在苹果肌和眼睛下方，人们的注意力会集中在脸部，而不会注意到脸形。

(五)唇部化妆

1. 确定唇形

为了使嘴唇的轮廓更加清晰，可以选择比口红颜色略深的唇线笔描画唇形(图 2-15)，起到矫正或弥补唇形不足的作用，并且可以使唇形更加立体饱满。

先画上唇，首先确定唇峰的位置，用唇线笔从唇中处向唇峰处勾画；再从唇峰向嘴角方向描画弧线，到嘴角止，然后再画另一半上唇线；在下唇的中间位置找到最低点，从一侧嘴角开始向下唇的最低点描画唇线，以同样的方法描画另一侧的下唇线，在下唇最低点处汇合。

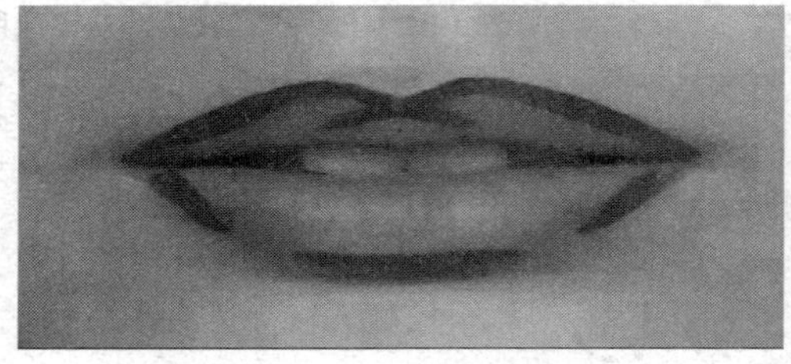
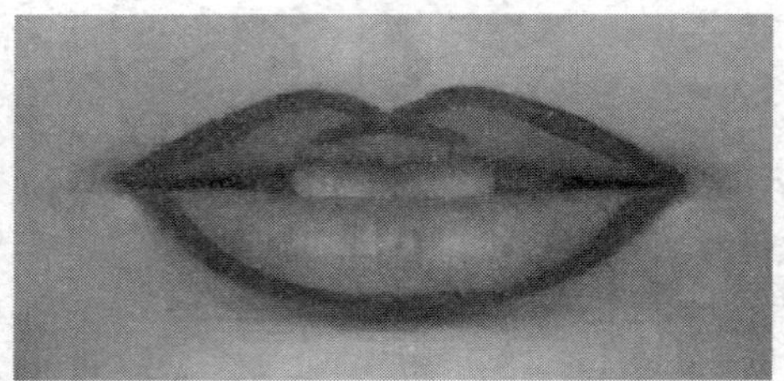

图 2-15 确定唇形

2. 涂口红

用口红刷蘸上口红，在描画的唇线内涂抹口红，色彩要均匀，上下嘴角连接自然，如图 2-16 所示。

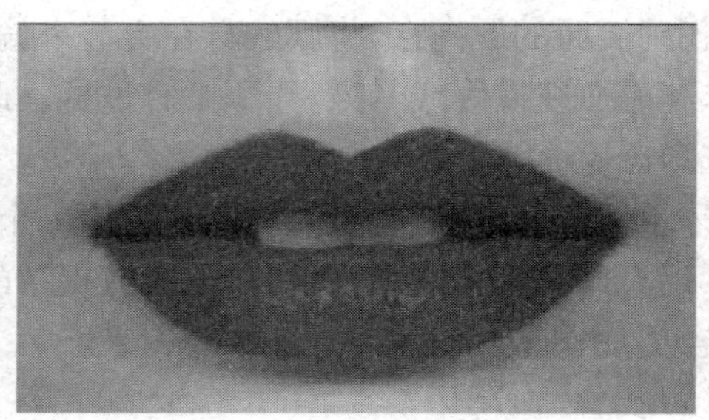

图 2-16 涂口红

3. 唇色的选择

(1)白皙肤色：适合任何颜色的口红，但以明亮度较高的颜色为佳，如淡粉色、珊瑚色、桃色等。

(2)中等肤色：适合粉红色、淡紫色、浆果色。

(3)深色肤色:避开棕色和紫色系口红,可选择橙色作底色的色系,如珊瑚色和深粉色。

如果是本身唇色较深,可在涂口红前用粉底或遮瑕产品将本身唇色稍微遮盖下,以更好地显现出口红的色彩。

项目训练

一、场景设计

(一)实训目的和要求

1. 了解不同肤质的特点。

2. 学会测试肤质的方法。

(二)实训内容

选择一种方法测试自己的肤质。

二、实训步骤

(一)实训前准备

物质准备:纸巾、水。

(二)实　　训

1. 皮肤类型测试

(1)洁面测试法

第一步,先用温水 10 s 内把脸洗一下。

第二步,让脸自然晾干,不涂任何护肤品,等待一小时,与此同时不要摸脸。

第三步,用一张干净的纸巾轻轻擦拭脸部不同部位,包括脸颊和 T 区,根据你的感觉来确定你的皮肤类型。

①如果是有紧绷感,感觉脸干,可能会有皮屑出现的,这种是干性皮肤,特点是角质薄,容易长斑。

②如果没有皮屑,也没有油,脸上感觉柔软光滑,也没有感觉到紧绷,那就是中性皮肤。

③如果 T 区部位有油,脸颊没有油,是混合皮肤。

④如果脸泛油光,纸巾上有明显的油,而且毛孔粗大,就是所谓的油性皮肤,通常伴随着肤色暗沉、毛孔粗大、闭口痘痘等问题。

⑤敏感肌肤的辨别是最为简单的,如刺痒,同时容易红肿,就是敏感皮肤。

(2)触摸测试法

早晨起床时用手指触摸肌肤来测定肤质。触摸干性肤质的时候,会有不平整、毛糙的感觉;油性肌肤触摸时,会有油腻、黏手的感觉;中性肤质触摸时,会感觉不干不油,肤质平滑细腻;混合性肤质触摸时,两颊有粗糙之感,额头、鼻梁、下巴有油腻感。总结一下:干性皮肤,感觉粗糙;油性皮肤,感觉油腻;中性皮肤,感觉平滑;混合皮肤,部分油腻。

(3)纸巾测试法

睡前清洁皮肤后，不擦护肤品，待第二天早晨醒来后，用纸巾轻轻擦拭脸部，以纸巾上的油迹来测定肤质。用柔软的纸巾在鼻翼两侧或前额部反复擦拭，将皮肤上分泌的皮脂尽量擦下来：

①鼻、前额、下巴、双颊、脖子中有四个地方出油，且纸巾上沾满油，说明皮脂腺的分泌功能比较旺盛，属于油性皮肤。

②鼻、前额、下巴、双颊、脖子都觉得干巴巴的、无光泽，且纸巾上仅有星星点点的油迹或颜色较浅，则是干性皮肤。

③介于以上两者之间的，鼻、前额、下巴、双颊、脖子中全部都不干燥或四个以上部位觉得紧实平滑不出油，且纸巾上有油迹但并不多，则属于中性皮肤。

④鼻、前额、下巴、双颊、脖子中有两三个部位出油，其他部位较干或较紧滑，则是混合性皮肤。

干性肤质在纸巾上不会留下油迹；油性肌肤会在纸巾上留下大片的油迹，所对应的部位分别是额头、鼻梁、鼻翼、下巴、脸颊；中性肌肤在纸巾上只会留下星星点点的油迹；混合性肌肤易在纸巾中心留下片状油迹，对应的出油部位是额头、鼻梁、下巴。

2. 识别自身皮肤色调

(1)手腕处的血管呈(　　)

A. 蓝色或紫色　　B. 浅绿色或橄榄色　　C. 介于两者之间

(2)(　　)颜色的首饰更称肤色

A. 银色　　B. 金色　　C. 两者都不错

(3)在阳光下你的皮肤呈(　　)

A. 蓝色　　B. 淡黄色　　C. 呈绿色

答案多为 A 的皮肤为“冷色调”，答案多为 B 的皮肤为“暖色调”，答案多为 C 的为自然色调肤色的人群。

3. 粉底试色

(1)做好准备

在使用任何产品前，先要清洁皮肤并做好保湿。如果你的皮肤有汗渍或没有彻底清洁干净，那肤色就不会准确地呈现出来。

(2)在良好的光线下进行测试

确保在试用粉底产品时的光线条件良好。最好是先在一个地方测试一下，然后再到另一个不同的光线条件下测试，看看是否依然适合你的肤色。在测试时应穿着白色的服饰，因为其他颜色会改变你的肤色。千万别想用粉底产品改变你的肤色。最好的方法是选择适应肤色的产品，如果你觉得肤色太白，可以涂一点儿古铜色或腮红。

(3)以最常见的肤色为目标选择适合的产品

需要考虑到的是身体上的三个部位：面部、颈部和露出的肩领部。这三个部位的颜色都可能不同，颜色最自然的应该是你的颈部，选择产品时尽量考虑身体上最常被看见的部位的颜色，然后将其涂抹在面部和颈部，这样你的肤色看上去就会非常均匀了。

效果评价

肤质肤色测试评分表

姓　　名		地点		时间	
实训项目	实训考查要点	分值	小组评分	教师评分	最终得分
肤质肤色测试	1. 学习几种不同肤质的测试方法	30			
	2. 判断自己的肤色属性	30			
	3. 粉底试色	40			
合　　计		100			

典型工作任务三　高速铁路客运乘务人员化妆的基本原则认知

任务引入

随着中国铁路的升级，舒适便捷的高速铁路渐渐取代了传统的绿皮车，美丽大方的年轻女乘务员，也渐渐取代了原先的“阿姨”们。这些气质优雅，服务一流的高速铁路女乘务员给乘客们留下了深刻的印象，人们亲切地称她们为“高姐”。符合高速铁路形象的“高姐”们新鲜出场。一名合格的“高姐”，除了在服务过程中，通过对旅客的关爱、周到的服务体现其高尚品质与素养的心灵美之外，外部表象上的容貌美往往能给旅客留下完美的第一印象，拉近与旅客的关系，促进服务的顺利进行。“高姐”的形象决定着旅客对铁路公司的印象，这也显示了铁路公司服务品牌的内涵和价值。

有人说，这些“高姐”们的待遇高，工作环境舒适，是一份让人羡慕的工作，那真实的情况如何呢？这些高速铁路上的女孩们每天早上都要起得很早，她们的宿舍条件也没有想象的那么好。化妆是每天早上必备的功课，因为她们要时刻保持自己青春靓丽的形象。每次穿制服的时候都要精心整理，这都是有一定要求的。她们在工作的时候也要经常补妆，留给乘客的永远是自己最好的一面。为了保证服务质量，这些平时看起来高端大气的“女神”，背后也付出了许多辛勤的汗水。每次上车之前，这些“高姐”们都会对着镜子整理妆容，脸上的笑容亲切而且真诚。

请思考：

高速铁路客运乘务人员对妆容有什么要求？

知识准备

一、女客运乘务人员化妆的基本原则

(一)应避免浓妆艳抹

高速铁路客运乘务人员在工作岗位上应当化淡妆。因此，有人将这一规定简洁地叫作“淡妆上岗”。淡妆的主要特征是简约、清丽、素雅，具有鲜明的立体感。它既要给人以深刻的印象，又

不容许脂粉气十足。总的来说,就是要清淡而又传神,其原则为:自然、清新、优雅、整体协调。

(二)发　型

干净整洁无异味。发型大方,长短适中,不染鲜艳的颜色,不剪怪异的发式。刘海不遮眉,鬓角不遮脸。使用定型产品,避免头发毛躁,营造干净利落的感觉。

(三)应当避免过量使用芳香型化妆品

在工作岗位上,使用任何化妆品都不能过量。就芳香型化妆品,尤其是这一类型的代表香水而言,更应当铭记这一点。车厢是一个相对密封的空间环境,如果高速铁路客运乘务人员在客厢执行任务时,过量使用香水,很可能会引起乘客的反感和不快。一般情况下,自己身上的香味在 1 m 内能被对方闻到为宜。如果在 3 m 开外,自己身上的香味依旧能被对方闻到,则肯定是使用香水过量了。

(四)避免当众化妆和补妆

不是不允许在工作岗位上进行必要的化妆或补妆,只是不允许当众这样做。如果在工作时当众化妆补妆,不仅不庄重,而且会使人觉得自己对待工作用心不专。

(五)体毛必须修剪

女士在社交活动中如需穿着使腋窝外显的服装,必须先剃去腋毛,以免有损整体形象。在穿裙装和薄型丝袜时,如露出腿毛,应先将其剃掉。

(六)应当避免自己的妆面出现残缺

尽管职场上时间并不宽松,高速铁路客运乘务人员也要对自己的化妆应当认真对待、一丝不苟。在工作期间,一般都要求高速铁路客运乘务人员适当地化一些淡妆,那么就要有始有终,努力维护其妆面的完整性。对于用唇膏、眼影、腮红、指甲油等化妆品所化过的妆面,尤其要"常备不懈",时常检查。用餐之后、饮水之后、休息之后、出汗之后、沐浴之后,一定要及时地为自己补妆。妆面一旦出现残缺,不仅仅会直接有损于自身的形象,更重要的是还会破坏高速铁路客运乘务人员在乘客心目中的专业形象。发现妆面出现残缺后,要及时采用必要的措施,重新进行化妆,或者对妆面重新进行修补。拖得时间越久,危害就越大。

(七)保持牙齿清洁

牙齿是口腔的门面,牙齿的清洁是仪表仪容美的重要部分,不洁的牙齿被认为是交际中的障碍。高速铁路客运乘务人员应勤漱口,保持牙齿口腔清洁。上班前不能喝酒,忌吃葱、蒜、韭菜等刺激性异味食物。高乘人员需要保存口气的清新,如果口腔有异味,必要时,可以用口腔芳香剂减少异味,在工作时,不应嚼口香糖。

二、男性客运乘务人员化妆的基本原则

(一)发　型

男性客运乘务人员的头发不应过长,要做到干净整洁没有头皮屑。应经常修饰、修剪,前部的头发不要遮住眉毛,侧部的头发不要盖住耳朵,后部的头发不要长过西装衬衫领子的上部。

(二)勤剪指甲、每日剃须修面

男性客运乘务人员需保持手部干净,指甲修剪整齐。每天剃须以保持面部清新。鼻毛不

能过长，过长的鼻毛非常有碍观瞻，可以用小剪刀剪短，不要用手拔。

(三)口腔清洁

男性客运乘务人员要尽量少抽烟，不喝浓茶。如果长期吸烟和喝浓茶，天长日久，牙齿表面会出现一层“茶锈”和“烟渍”，牙齿变得又黑又黄。每日早晨，空腹饮一杯淡盐水，平时多以淡盐水漱口，能有效地控制口腔异味。

(四)衣着整洁

男性客运乘务人员要勤换服装，保持衣裳的平整和清洁衣领整齐，领带打到皮带扣处为止，衣领、袖口必须保持干净。腰间不悬挂物品，如手机、钥匙串等。在社交和公务场合，不得穿短裤，不得挽起长裤的裤管。

三、女性客运乘务人员化妆的一般程序

女性客运乘务人员化妆的一般程序见表 2-4。

表 2-4　女性客运乘务人员化妆的一般程序

面部皮肤保养	1. 洁肤；2. 爽肤；3. 润肤
上妆基本程序	1. 妆前乳；2. 粉底；3. 润肤；4. 定妆；5. 修容；6. 画眉；7. 眼影；8. 眼线；9. 睫毛膏；10. 腮红；11. 唇膏；12. 妆面检查
卸妆	1. 卸眼唇妆；2. 卸其他眼妆

四、男性客运乘务人员化妆的一般程序

随着时代的发展，男性客运乘务人员的加入也成了高速铁路车厢的一道亮点。了解并掌握男性客运乘务人员工作妆的基本要求和步骤，能更好地展现男性客运乘务人员的风采。男性客运乘务人员与女性客运乘务人员最大的区别是，他们可以展现阳刚美，以及给旅客一种安全感，因此男性客运乘务人员的形象也有别于一般职业男性，有着更多的规范要求。

(一)男性客运乘务人员的护肤原则

男性的皮肤一般较女性粗厚，而且油脂分泌更多，所以要选择清洁力较强的洁面产品，彻底洗去污垢、油脂。大部分男性的肤质都是趋向于油性，同时又缺水，而女性的护肤品大多数是滋润型的，绝大多数的女性护肤品并不适合男性。因此男性应选择比较清爽补水的男性护肤品。同时也要注意防晒，根据季节选择使用防晒霜保护皮肤。

(二)男性客运乘务人员的化妆要领和步骤

作为在高速铁路车厢执行工作任务的男性客运乘务人员，也需要进行必要的脸部修饰，应着重在于表现男性的阳刚气质，而非着重在于美化。男性客运乘务人员的化妆主要强调肤色的统一性，表现出皮肤的质感，化妆的重点是强调高挺的鼻梁、浓密的眉毛和丰厚的嘴唇。男性客运乘务人员化妆的重点在于清新、自然、展现自身的特点。

男性客运乘务人员的化妆相对于女性乘务人员来说较为简单，不着痕迹地修饰面容是他们化妆的要领。

1. 修饰脸部皮肤

大多数男性的皮肤比较粗糙，脸色暗淡．选择比肤色暗一度的粉底涂抹于脸部，可以改善

肤色，使皮肤看起来更为细腻平滑。如果特别需要遮盖的痘印、色斑等，可用遮瑕膏涂抹在这些部位。最后用细腻的散粉，轻轻扫在整个脸部定妆。

2. 修饰眼部

男性最重要的是眉毛和鼻子，所以第一步就是修眉，按照本身的眉形，将多余的小碎毛刮去。男性比较适合英气的剑眉，修好基础眉形后，用和发色一致的眉粉或眉笔填补眉毛中间的空隙，画好后再用眉刷梳一下，使得眉形更自然。男性一般不需要画眼线和眼影，如果眼睛特别没神，可以在贴近睫毛根部，画一条极细的内眼线，增加眼睛的神采。

3. 修容

鼻影部分，可以使用三色眉粉的最浅色扫在山根和鼻翼处，使五官更加立体。男生的脸肉嘟嘟的话，可以利用修容来将面部修的更立体一些。用刷子蘸取修容粉在脸颊两边加深修容，但注意修容边界一定要晕染干净并且自然。

4. 唇膏

男性客运乘务人员一般不需要涂口红，只需要涂一层无色的润唇膏即可。

五、化妆与季节的搭配

(一)春季工作妆

春季气候多变，乍暖还寒，皮肤容易出现过敏、干燥、粉刺频发的现象，因此是皮肤最敏感脆弱的季节，需要加强妆前护理。春季的妆容应该充满生机和活力，展现春暖花开的特色。

1. 光泽感底妆

春天应特别注意保持肌肤的水润，防止过敏，因为春季正是柳絮、花粉纷飞的时候，稍不注意就会引起肌肤的敏感。所以春季首先应选择保湿性、修复性良好的护肤品维持皮肤的水嫩和稳定。在上底妆前，一定要选择使用具有保湿效果的妆前乳涂抹在脸部，然后再用保湿度超强的粉底液，用刷子涂抹，再用喷湿并挤干水分的美妆蛋均匀地拍打推开，可以营造出服帖、轻薄、透亮的妆感。腮红选用膏状腮红轻轻按在苹果肌的位置，由内而外散发好气色。

2. 粉嫩眼妆

想要展现春天的活力四射，那就要以柔美粉红色为核心，可用裸粉红、珍珠粉红、桃红作为眼影色大面积轻轻扫在眼皮上，然后用深粉色涂抹在双眼皮褶皱内，增加眼妆的立体感，最后在眼球中央位置叠加一些珠光色眼影，眼头和卧蚕用香槟色进行提亮；春妆眼线不要画得过粗，可用哑光黑色或棕色沿着睫毛根部画一条细细的眼线，或者只画上眼皮后半段，打造自然的妆容效果。睫毛膏选用自然纤长款打造根根分明的睫毛，眉毛用较细的眉笔勾勒出自然温柔感的眉形，让整体妆容更加符合春季浪漫的感觉。

3. 果冻感唇妆

春天要暂时告别冬季哑光雾感唇妆带来的厚重感，选择颜色简单且水润亮泽的液体唇膏或唇釉来迎接春暖花开。不需要使用唇线笔，用刷子蘸取液体唇膏或唇釉，自然地在唇部点涂晕染开，打造出可爱的果冻唇。

(二)夏季工作妆

夏季气候炎热、潮湿，皮肤分泌汗液和油脂，脸上经常会出汗、出油，很容易脱妆，所以夏季妆容应以控油防脱妆为主，且妆感要轻薄，给人以清爽之感。

1. 皮肤的护理

夏季人体新陈代谢加快，油脂分泌旺盛，所以夏季护肤要注重水油平衡，在做好清洁工作的同时，要选用控油补水的产品，防止出现外油内干的状况，可适当多做些补水面膜，再用保湿性好的乳液或面霜锁住水分。

虽然乘务人员的工作环境是在车厢内，但是防晒仍然是夏季的护肤重点，因为夏季紫外线强烈，皮肤长时间暴露在阳光下会晒伤、起斑、加速老化。所以妆前一定要使用防晒指数高的防晒霜。

2. 面部的化妆

(1)粉底。由于夏季脸部油脂分泌会增加，尤其是油性肌肤，所以一定要选择一款控油效果好的妆前乳，均匀涂抹在面部，在极易出油的 T 区可重点加强。粉底选用轻薄无油的粉底液，用湿润的美妆蛋均匀涂抹在脸上，然后用透明带有控油效果的散粉清扫在脸部进行定妆。

(2)眉毛。画眉毛时先用眉笔轻轻描画，然后扑上少许散粉有助于眉毛颜色的固定，接下来再用和眉笔同色系的染眉膏沿眉形刷一遍，这样就不会因为夏季出汗多而容易花掉。

(3)眼睛。夏季不建议在眼部画过浓的妆，眼影极易由于眼皮出油或出汗而花掉，所以只需用防水的眼线笔沿着睫毛根部细细描画一条眼线即可，这样可以使眼睛更有神，睫毛膏也应使用具有防水效果的，避免出汗晕妆变成“黑眼圈”。

(4)腮红。夏天气候炎热，脸部本来就容易因气温过高而变红，所以只需要在颧骨靠后的位置轻轻扫上一层浅色的粉质腮红即可。

(5)唇膏。要想唇膏在夏天持久不易掉色，可选用不易脱色的染唇液，用唇刷均匀地涂抹在嘴唇上；如果用唇膏，那么在第一遍后，用纸巾抿一下去除多余的油脂，然后再薄薄地涂一遍；也可以用口红雨衣这样的产品，在唇膏之后轻轻涂在嘴唇上，防止唇膏掉色。

(三)秋季工作妆

秋季，气温开始渐渐下降，天气逐渐干燥，湿度降低，皮肤会缺水干燥，这时一定要注意补水锁水，否则妆面会出现卡纹这样尴尬的状况。秋季适合打扮得成熟一点，这样会显得更加优雅稳重，所以秋天的妆容可以浓郁成熟一些。

1. 皮肤的护理

夏天时候，由于油脂分泌旺盛，很多人都用深层清洁的洗面奶，那么秋天到来时，可以选用一些比较温和的洗面奶，然后换用保湿水，补水的精华和锁水功能好的面霜，同时多喝水，多吃蔬菜水果，补充肌肤的水分。

2. 秋季妆容的打造

秋季是个干燥的季节，我们要做的就是保持肌肤水润，让肌肤不再暗沉，变得有光泽。首先，用带有光泽的妆前乳修饰脸部，然后月滋润的粉底液，借助美妆蛋均匀地推开，这样可以让妆容更加服帖有光泽。相对于秋季妆容来说，腮红可以选择使用偏橘色系的。

秋季的眼部化妆应突出自然、立体的效果。可以用大地色系作为眼部的主要颜色，先用裸色眼影在眼部做大范围的打底，然后用棕色眼影小范围晕染，接着再蘸取少量褐色眼影涂抹在双眼皮褶皱处加深眼尾和眼头；用棕色的眼线笔画出内眼线，并描出眼头部分，之后可以用阴影粉加深卧蚕，再用香槟色眼影提亮卧蚕部位。

秋天给人的感觉是安静的，这种安静与温柔的妆感相契合，最温柔的妆感一定是豆沙色，所以嘴唇选用偏裸色的豆沙色口红，打造出自然温柔感。

(四)冬季工作妆

冬季气候寒冷干燥，人体新陈代谢能力逐渐降低，皮脂腺分泌开始减少，皮肤表面细胞更新时间延长。经常裸露在外面的皮肤容易被冷空气冻伤，或者被冷空气带走皮肤中的水分，导致皮肤干燥，容易变得粗糙缺水，失去光泽，严重会出现脱皮、细纹，而最容易出现这种情况的部位为手部、脸部、颈部等。

1. 皮肤的护理

冬季肌肤护理的重点是补水保湿，可选择含有甘油类型的保湿水乳，可以长效保持肌肤水嫩。另外，冬天的阳光虽然不是直射，但照射到皮肤上的紫外线并不比其他季节少。冰雪所反射的阳光对皮肤的伤害尤为严重，所以冬季防晒不容忽视，在护肤的最后一步涂上防晒霜，保护皮肤免受紫外线的损伤。

冬季给人一种清冷、萧瑟之感，所以营造出温暖的妆容是重点，暖色系妆容给人一种甜美、可爱的形象。

2. 哑光色底色

冬季的妆容中底妆不能过于抢戏，所以哑光效果的底妆非常必要。在化妆前，可以使用定妆喷雾来湿润美容蛋或海绵，这个步骤可以让整个化妆过程中的皮肤保持湿润，同时也避免上底妆过厚，出现脱妆和闷痘的现象。最后用散粉刷蘸取适量散粉定妆，尤其在 T 区加强，避免出油，破坏哑光妆效。

3. 打造立体眼妆

可用奶茶色、酒红色、棕色系眼影。先用浅色在整个上眼睑打底，并加深眼窝部分，然后用深色刷在双眼皮褶皱处，以及下眼睑尾部，在充满冷感的冬季，可选择一个香槟色的高光点涂在眼角和卧蚕，增加眼妆的柔和度，同时又能放大双眼。眉毛的颜色要选择和自己发色一致的，按照自己本身的眉形去画。

4. 营造通透健康色腮红

腮红可以选择豆沙红，这种柔和的颜色涂抹在脸颊上，既不会显得太过甜美，又有温柔的整体妆容效果。用腮红刷蘸取适量腮红粉，沿着颧骨开始斜向地轻轻大面积扫上腮红，然后晕染开，让腮红更加自然，就像是自己肤色透出的健康脸色一样。

5. 亮丽的唇色

冬季嘴唇特别容易干燥起皮，所以在化妆前可选择一款保湿润唇膏滋润唇部，避免后面涂上口红后出现唇纹。要展现冬天的温暖，唇膏要选择明亮些的哑光色，颜色的质感会比较饱满，遮盖力也好，上唇后效果也不会太闪，颜色可选择樱桃色、棕红色、玫瑰红、番茄红。

6. 手部的护理

冬季干燥的气温会导致手部皮肤干燥粗糙。高速铁路客运乘务人员在车厢为旅客服务，手也是服务形象的一部分，因此做好手部护理尤其重要。每次清洁手部后，及时涂抹滋润的护手霜，定期敷手膜。每周可以在一盆热水中滴入几滴橄榄油，将双手放进去浸泡 5 min 后用毛巾擦干，取适量手部磨砂膏涂抹于手部，双手互相摩擦，去除死皮，再用温水洗净，就可以让手部皮肤恢复平滑。还可以在指甲上涂上具有保护功效的指甲油，防止指甲脆弱断裂。

项目训练

一、场景设计

(一)实训目的和要求

1. 认识并正确使用眉、眼化妆工具与材料。
2. 能够画出全套妆容。

(二)实训内容

妆面练习。

二、实训步骤

(一)实训前准备

化妆工具与材料。

(二)实　　训

1. 根据所学的化妆步骤化妆。
2. 教师检查整体妆面。

效果评价

化妆练习

姓　　名		地点		时间	
实训项目	实训考查要点	分值	小组评分	教师评分	最终得分
化妆练习	1. 正确使用化妆工具	30			
	2. 上妆步骤	20			
	3. 整体妆容	50			
合　　计		100			

典型工作任务四　美容与保健常识认知

任务引入

饮食美容,历史悠久。我国远在周代的时候,御医中就有了食医,且食医有两人,位居中士,在当时的四类御医——食医、疾医、疡医和兽医中地位最高。而在我国最早的医学典籍之一的《黄帝内经·素问》中,古人就提出了“五谷为养、五果为助、五畜为益、五菜为充,气味合而服之,以补精益气”的思想,充分说明了我国古人对合理饮食和饮食搭配的重要性的了解。唐代“药王”孙思邈也提出了药食同源的观点:“用之充饥则谓之食,以其疗病则谓之药。”除了饮食对我们身体健康的作用外,古人对饮食和美容之间的关联也颇有研究。《素问·五脏生成篇》中评论“多食咸,则脉凝泣而变色;多食苦,则皮槁而毛拔;多食辛,则筋急而爪枯;多食酸,则肉胝皱而唇揭;多食甘,则骨痛而发落,此五味之所伤也。”说明了饮食不均衡会直接对我们的容貌产生不良的影响。此外,食物的选择和摄取也是对我们人体非常重要的。据研究证明,有很多美食能帮助我们让容颜变得更加靓丽。例如,我国汉代名医张仲景在《伤寒论》中提出的“猪肤方”就指出猪蹄子的皮肤有“和血脉,润肌肤”的作用;《本草纲目》中说莲子“久服轻身耐老”,具有细嫩皮肤的作用。而在《神农本草经》中,记载有美容功效的药物就达一百多种,其中,还提到了一些药物可供制作化妆品使用。

请思考:

中华饮食文化博大精深,根据自己的身体特点,谈一谈怎样以食养颜?

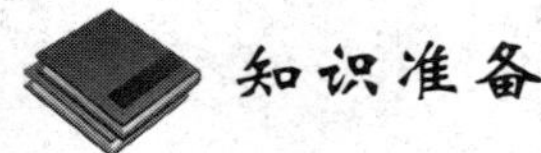

知识准备

一、饮食与美容

(一)如何科学饮食

饮食不仅是生命之本。更会对身体健康产生直接的影响。人体只有在营养均衡的情况下才能健康,才能产生美。

中国营养学会对于从事较轻体力劳动的成年男子建议每天所需要的热量大约为 2 200 千卡,成年女性每天所需要的热量为 1 800 千卡。需要注意的是,吃得多不代表热量一定高,吃得少不代表热量一定低。在平衡营养的前提下,要尽量选择热量较低的食物。

三餐分配的原则是:“早餐要吃好,午餐要吃饱,晚餐要吃少。”三餐要合理分配,一定要吃营养丰富的早餐。晚餐的时间最好是在 18:00 前后,尽量不要超过晚上 20:00,晚餐不宜过于丰盛,多吃会不好消化。

(二)食物搭配禁忌

牛奶不宜和含有鞣酸、草酸过高的食物同食。菠菜、石榴、柠檬里均含有较高的草酸,牛奶与其同食会导致两者凝结,不易消化吸收,时间长了对肠胃也有不良影响。

蟹肉性寒,脾胃虚寒者尤应引起注意,以免引起腹痛腹泻,应适量食用。食用时注意不要与柿子、花生、红薯等同食。因苹果中含有鞣酸,所以不宜和海鲜同食。梨不宜与开水同食,易刺激肠道,引起腹泻。樱桃属热性,有溃疡、上火者慎食。羊肉性温,不宜与竹笋、西瓜等寒凉之物同食。葡萄与牛奶、海鲜不可同食。橘子和白萝卜不可同食。山楂不宜与海鲜、人参、柠檬等同食。因含有较多的有机酸,有收敛和化瘀的作用。空腹切勿食用菠萝。吃菠萝要用淡盐水浸泡。菠萝蛋白酶易导致过敏。食用榴梿禁忌饮酒。柚子会和很多药物发生作用。因此在吃药时,忌食柚子。蜂蜜不宜与豆制品同食。除此之外,蜂蜜与洋葱、韭菜、鲫鱼同食也有害处。

(三)主要美容诉求和相应食物

1. 美白

多吃富含维生素 C、多酚类的食物,如柠檬、番茄、樱桃、西蓝花、黄瓜、薏米等。

2. 祛痘

多吃富含蛋白质和矿物质、维生素A、B、E的食物，如杏仁、芝麻、绿豆、蜂蜜、虾、鸡肉等。

3. 淡斑

多吃富含维生素C、E、B及褪黑激素的食物，如牛奶、玉米、柠檬、松子等。

4. 红润肤色

贫血是很多人都会出现的一种现象。据资料统计，全球约有30亿人不同程度贫血，每年因患贫血引致各类疾病而死亡的人数上千万。在患贫血人群中，女性因为月经、妊娠、分娩、哺乳、避孕等多种原因，成为贫血高发人群。

补血要补铁，因此建议食用含铁较高的食物。气血双补的食物既可补气，又能补血。常用的食物有猪肉、猪肚、牛肉、鸡肉等，常与之相配伍的中药有党参、黄芪、当归、熟地等。

5. 除皱

多吃富含胶原蛋白的食物，如猪皮、猪蹄、甲鱼等。多吃些富含软骨素食物，如猪骨汤、牛骨汤、鸡皮、鸡骨汤等，可增强皮肤的弹性。维生素A能维持皮肤的柔韧和光泽。维生素C、维生素E为抗氧化剂，可防止皮下脂肪氧化，增强皮肤表皮和真皮细胞的活力，避免皮肤早衰。

6. 消脂

减肥食物大多是热量低、含糖量低。其实还有一些食物除了有这两个优势，还能起到刮油消脂的效果。海藻有阻碍糖代谢的作用，能抑制血糖值的急剧升高，防止脂肪的堆积。芹菜是负卡路里食物，食用之后不仅不会造成热量的储存，还会消耗更多的热量，消脂效果极好。黄瓜含有大量的食物纤维，可以促进肠胃活动，帮助肠道排出毒素和废物，有清扫肠道油脂的效果，并且黄瓜中含有丙醇二酸，有抑制糖类转换为脂肪的效果，能有效地防止肥胖的发生，是绝佳的减肥食品。

7. 消水肿

薏仁具有利湿健脾，消水肿的功效。除此之外可以帮助消除水肿的食物还有红豆、绿豆、冬瓜、海带等。

8. 美发

头发的健康和美丽需要营养的维护。食用以下种类的食物，能很好地给秀发提供营养，从而能让秀发更加乌黑靓丽：

含铁多的食物：动物肝，蛋类，黑木耳，海带，大豆，芝麻酱等。

含铜多的食物：动物肝、肾，虾蟹类，硬果类，杏脯干和干豆类等。

含B族维生素的食物：谷类，豆类，干果，动物肝、心、肾，奶类，蛋类和绿叶蔬菜等。

含酪氨酸的食物：鸡肉、瘦牛肉、瘦猪肉、瘦羊肉、兔肉、鱼肉及硬果类食物等。

蜂蜜：蜂蜜具有很强的抗氧化性和高渗透性，将一勺蜂蜜和半杯牛奶混合在一起，在头发上充分按摩后洗净，头发会吸收蜂蜜和牛奶中的养分，变得光滑而富有弹性。

需要注意的是，心情对人的美容美发也会有很大的影响。唐朝著名诗人白居易在《生离别》中有云“忧极心劳血气衰，未年三十生白发。”可见不良情绪对我们的容颜也有破坏性的影响。因此，在平时的生活中，要尽可能做到心胸宽广，不拘小节，平静安乐。

二、季节与美肤

保持皮肤的湿润是皮肤滋润有光泽的前提。正常情况下，皮肤的真皮层有足够的弹力纤维和胶原纤维，皮下组织有丰富的脂肪，皮肤角质层含水量充足。而这样健康的皮肤富有弹性，显得明亮而饱满。

(一)春　季

"一年之计在于春"，皮肤最有效的护理时机也在春天。外出踏青游玩的舟车劳顿和气候环境的变化都会直接地反映在我们的皮肤上。

春季护肤要注意防晒、防过敏，及时清洁皮肤，做好保湿工作。春天虽然没有夏日的炎炎烈日，但干燥多风、紫外线强烈，若不注意防晒，使皮肤过多暴露于紫外线下，就会出现晒斑。此外，春季也是皮肤过敏的高发时节，春季做好护肤工作能有效防止皮肤过敏。出门时，可戴好口罩、太阳镜等，减少与应变原接触的概率。在空气污染较为严重，或者植物花粉期的时候，每天适当开窗透气即可，不需全天敞开窗户，以减少对室内空气的污染。春天应选择一些含油脂成分比较低、补水滋润效果较好的乳液等进行护理。

(二)夏　季

夏季时，太阳紫外线辐射增强，如果此时不做好防晒，会对皮肤细胞造成不可逆的损害。长时间的阳光照射会使皮肤变得粗糙、增厚、松弛，局部出现过度的色素沉着。进入真皮层的辐射还可使胶原蛋白和弹性蛋白发生变化，从而加速衰老。

物理性防晒使用起来简单方便，尤其对身体部位的防晒十分有效。在选择防晒衣时，推荐选择红色服装，因为红色的可见波最长，可大量吸收日光中的紫外线，从而能更好地保护皮肤。此外，衣服的防紫外线能力不仅取决于色泽，还取决于其质料。实验证明，棉质材料比化纤类材料有更好的防晒效果。

防晒霜分两三小次涂抹，比一次性涂厚厚的一层效果会更好。建议在出门前 20 min 先涂好防晒霜，肌肤才可以较好地吸收。另外，防晒产品的效用时间有限，建议最长每三个小时补涂一次，以增强防晒效果。除了脸部，耳尖、脖子后面、裸露的脖颈和胸上部以及脚面，这些都是容易被晒伤的部位。一般上班族，如果上班的地点一直是在办公室内的话，建议使用 SPF 值在 15～30 之间的防晒保养品。需要户外工作或游玩时，需使用防晒系数较高的产品，如果有可能淋湿的话，还要注意选择具有防水功能的防晒产品。需要注意的是，SPF 值不是越高越好。因为在不必要的情况下，SPF 值过高也会对皮肤产生负担。

夏季人体的新陈代谢较快，因此平时如果需要化妆的话，最好不要浓妆，略施淡妆即可。可用质地较为轻盈细腻的蜜粉。经过一整天的曝晒，晚上的深层清洁和修护十分重要。因此，在每晚临睡前，要做好对面部化妆品的清洁工作，切记不可带妆睡觉。

(三)秋　季

经过一个夏天强紫外线对皮肤的伤害，秋天是肌肤休养生息的重要时间。此时，应该对皮肤进行换季保养。随着秋季的到来，皮肤也开始变得干燥、敏感。换季的皮肤需要加倍养护。进入相对干燥的秋季，空气中的水分含量本来就少，加上皮肤本身缺水、干燥，很容易造成一系列皮肤问题。细纹、干纹、痘痘可能会接踵而至。所以，补水、保湿就成了换季皮肤保养的关键。

由于秋天温差大，忽冷忽热的天气使皮肤抵抗力下降，易遭细菌感染。因此，秋季护肤首先要着重洁肤。在充分清洁好皮肤后，保养也不可忽视。到了秋季，我们可以在护肤中增加对精油的使用，如摩洛哥坚果油、玫瑰果油、薰衣草精油、茶树精油、玫瑰精油和天然维生素 E 等。对于干性皮肤的人来说，在使用保湿霜前，可以在里面添加几滴面部润肤油来达到更高的贴合度和润肤度。

秋季干燥，气候多变，人体易生病。秋燥也会让女性的皮肤干燥、肤色暗沉。因此，滋补也是秋日饮食保养的主题。在秋天，人们对食物的选择也十分重要。养阴清热、润燥止痒是秋冬季节皮肤的养生原则。可食用百合、莲藕、山药、青菜、梨、苹果、香蕉、葡萄、银耳等水果和蔬菜，多补充一些维生素C、维生素E等，这样有助于促进肌肤内胶原蛋白的合成，保护皮肤免受外界干燥环境影响，从而保持皮肤的滋润。补充适量蛋白质，如豆制品、牛奶、水果等营养，以供应肌肤的需要。

唇部皮肤娇嫩，因此在秋季干燥的时候，唇部干裂的现象也非常多见。注意在唇部干裂时，切忌用舌头舔舐唇部，因为这样反而会带走更多唇部的水分，导致恶性循环。为了避免和减缓唇部干裂，平时应多喝水，多吃新鲜水果蔬菜，必要时出门可戴上口罩，以保护唇部。唇部干裂较为严重者，睡前可涂上油脂含量较高的护唇膏或使用唇膜。

(四)冬　季

很多人认为，防晒是夏天的事，冬天的时候就不需要防晒了，其实这是非常错误的想法。冬季的时候，阳光虽然看上去不是非常炽热，但紫外线也有夏天的一半，并且冬季的紫外线以UVA为主，UVA可以直达肌肤的真皮层，破坏弹性纤维和胶原蛋白纤维，将皮肤晒黑，甚至致癌。因此，冬季时也不可忽视防晒，以更好地保护自己的皮肤。

冬季养生是我国历史悠久的民间习俗之一。

冬天是一年四季中保养、积蓄、休养生息的最佳时机。冬天人们食欲大增，脾胃运化转旺，此时进补能更好地发挥补药的作用。事实证明，冬季养生不仅能调养身体，还能增强体质，提高机体的抗病能力。

冬令进补应顺应自然，注意养阳，以滋补为主。在膳食中应多吃温性、热性，特别是温补肾阳的食物进行调理。多吃富含维生素A的食物以减缓肌肤干燥，如胡萝卜、牛奶等。要少吃偏凉性的瓜类水果，多吃些平性的果类，如苹果等。另外，还要尽可能吃滋阴润燥的食品，如银耳、萝卜、大豆等。

冬天的时候，清洁和沐浴也不宜过量，过度清洁也会让皮肤遭受损伤。为了避免皮肤干涩，冬季应采用中性的清洁护肤产品。因此，建议在冬日沐浴时使用沐浴油，从而达到清洁和滋补两不误的效果。此外，除了选用更加适合冬日干燥气候的保养品之外，也可以对日常使用的护肤品进行改良，如在日常使用的保湿霜中添加几滴纯植物油，可以让保湿霜更加滋润，从而达到对皮肤更好的保养效果。

任务训练

一、场景设计

(一)实训目的和要求

1. 理解不同生理状态和一年中不同季节对人体健康和美容的影响。

2. 能够客观地分析自己的生理状态，并结合阳光、温度、季节等外在综合环境，为自己设计出更适合个体需求，同时也能有最佳效果的美容养颜的护肤方式。

(二)实训内容

根据自己的身体和肌肤状况,为自己选择一款适合自身条件的面膜。

二、实训步骤

(一)实训前准备

将学生分为多个小组,由每个小组的组员来进行共同研究、讨论,以完成月经前、月经期、月经后三个不同的女性生理阶段和春、夏、秋、冬四个不同的季节的七种不同周期相对应的美肤面膜的选择。

(二)实　　训

面膜是我们进行日常肌肤保养的最为便捷有效的工具之一。学生小组成员通过分配到的面膜设计任务,进行讨论、经验分享和资料搜集。在这几个不同的生理周期或季节的常见环境特征和肌肤保养诉求中,结合营养和美容的理念,用最常见、经济、合理的材料制作出解决肌肤常见问题的面膜。通过研究、讨论、设计自制面膜的过程,更好地反思营养、护肤和美容美颜之间的联系。

效果评价

护肤面膜设计练习评分表

姓　　名		地点		时间	
实训项目	实训考查要点	分值	小组评分	教师评分	最终得分
面膜设计	材料合理性	20			
	材料经济性	20			
	材料便捷性	20			
	是否能解决该时期肌肤常见问题	40			
合　　计		100			

复习思考题

1. 什么叫作“三庭五眼”?什么又是“三高四低”?
2. 面部化妆品有哪些?你认为其中哪些是必不可少的?
3. 皮肤有哪几种不同的类型?这几种不同类型的皮肤分别有什么特点?
4. 一个基本妆容分为哪几个步骤?
5. 为什么要根据季节进行护肤?怎样根据季节护肤?
6. 春、夏、秋、冬四季的妆容有什么不同?上妆时分别要注意什么?

项目三　高速铁路客运乘务人员发型塑造

学习目标

1. 知识目标

- 了解发型对整体形象的重要性
- 掌握高速铁路客运乘务人员的发型要求
- 理解发型与职业的关系
- 掌握高速铁路客运乘务人员头发养护的方法与技巧
- 了解高速铁路客运乘务人员发型选择

2. 能力目标

- 在高速铁路客运服务中能够展现职业发型的干净利落感
- 能够运用发型选择进行高速铁路客运乘务人员职业发型设计

3. 素质目标

- 塑造良好的职业形象

典型工作任务一　头发养护

任务引入

高速铁路客运乘务人员在进行个人头发修饰时，要根据客运乘务人员的工作性质、工作规范和自己的审美习惯、自身特点对发型进行修饰和美化，要展现良好的职业发型，注重头发的日常清洁与保养。头发养护的目的在于维护头发的健康，只有健康的头发才能打造出更加出彩的职业发型效果。

请思考：

1. 你认为头发对你的个人形象影响大吗？为什么？
2. 如何才能拥有健康美丽的头发？

知识准备

一、头发养护的基础知识

(一)头发的概念

头发是指在头顶和后脑勺部位的毛发。头发除了使人增加美感之外，主要是保护头脑。

夏天可防烈日，冬天可御寒冷。细软蓬松的头发具有弹性，可以抵挡较轻的碰撞，还可以帮助头部汗液的蒸发。

（二）发质的识别

1. 中性发质：这种头发柔滑光亮，整好头发后不容易变形，属于健康的头发。

2. 油性发质：这种头发的视觉、触觉都很油腻，洗后不久又生油腻。头皮屑也很多，含水量多。

3. 干性发质：干性头发洗后不久光泽就会消失，触摸时没有柔滑感，整好头发后很容易变形。

4. 受损发质：受损的头发触摸时有粗糙感，梳理时容易折断，发尾分叉，一看便知是受损的头发。这种头发表面没有光泽，呈枯黄色。这多是由于外因引起的，如烫发、染发等。

（三）头发的特性

1. 硬发：硬发一般比较有弹性、密度大、头发含水量多，有光泽感。

2. 软发：软发发质细软、毛干直径小，弹性较差，不易造型，或造型后不能保持。

3. 油发：油发颜色黑亮，油脂量较高，抵抗力强，造型较难。

4. 沙发：沙发含水量少，缺少油脂，干枯、蓬松，不易造型。

二、损害头发的因素

1. 干燥：由于环境干燥或过度使用吹风机使头发含水量低于10%，会使头发干燥粗糙。

2. 空气中的污染：如污物、油烟、废气、尘埃等会直接污染头发，侵蚀头发，逐渐改变头发的质量。

3. 有害的化学因素：染发剂、烫发剂、整发剂已广为人们所接受，如果不恰当地使用，则会对头发造成伤害。

4. 紫外线会使头发渐渐变黄、变脆、失去光泽。

5. 洗护不当。

三、正确的头发养护方法

（一）正确洗护

1. 洗头前要先用梳子，把头发打理得较为平顺，并且把头发打结的地方全部梳开，尤其是长头发的女乘务员更要这样。

2. 梳完后用手把水泼到头发上，需要把头发底层的头皮部位都弄湿，才可以使用洗发水。

3. 洗发液涂在头发上以后，用手指的指腹去按摩头皮。

4. 洗发液起泡后在头发上大约停留 3 min 的时间，这 3 min 内要一直按摩头皮，然后再用清水把头发彻底地冲洗干净。

5. 清洗干净之后，再把护发液也一层一层打到头发上，用手搓长发大概 3 min 时间，再用清水反复把护发液清洗干净。

6. 等头发用清水清洗干净之后，用毛巾裹住头发轻揉至毛巾自然吸干头发上的水分，再用宽松的梳子梳头发。

(二)不同发质的护理

1. 中性头发的护理

中性头发不油腻不干燥,是最好的发质。但是,天生“丽质”也需要细心呵护。建议使用营养均衡的滋养型洗发露,以均衡滋润头发,保持秀发营养充足,并随时保持清爽洁净。经常洗发,也能令头发更强壮。洗发的时候,可以配合头皮按摩,以保证血液循环畅顺,让头部皮肤更健康,养分可输送到发尾。

2. 油性头发的护理

油性头发容易粘上灰尘等脏物,过多的油脂分泌也容易堵塞头部皮肤的毛孔,产生头痒头屑。因此,建议使用含去头屑活性成分洗发乳。洗发时,水温不要过热,以免刺激头部皮肤的油脂分泌。同时,注重养成良好的生活、饮食习惯,避免压力过大和少吃高脂肪食物,多吃新鲜蔬菜和富含维生素的食物。

3. 干性头发的护理

干性头发缺少天然的油脂滋润,特别干燥脆弱,发丝容易缠绕分叉。建议使用营养丰富的滋养型洗发乳,为头发补充水分和营养。同时,干性头发比较脆弱,应避免暴晒在阳光下。最好不要染、烫发,以免发质受损。

(三)正确用梳

1. 按摩梳的正确使用方法

一般按摩梳应挑选富有弹性的按摩气垫款式,梳齿尖端有小圆球才不会让头皮受伤。洗发前用按摩梳按摩头皮,不仅可舒缓紧绷的头皮,放松整天累积的压力,还能先把皮屑和脏污梳松,让后续洗发清洁更干净。头皮有伤口、敏感时要暂停头皮按摩。其实按摩梳发无须特别难的步骤,只要变化不同方向来按摩头皮,达到促进血液循环即可,天天都可以活络头皮。

按摩梳发步骤如下:

(1)头往前倒,由后往前逆向梳发,按摩头皮。

(2)接着左右侧横向梳发。

(3)最后由上往下梳理,按摩头皮。

2. 护发梳子的正确使用方法

使用护发梳时,可在梳齿或梳子底部添加氨基酸、护发精油等保养成分,借由梳发附着于发丝上,适合毛躁发的人使用,可以增加头发光泽,梳起来较滑顺,这类梳子多以不耐热的树脂或橡胶类材质制成,不可搭配吹风机使用,也不能搭配造型品使用,但此类梳子护发成分会逐渐使用完毕,有其使用期限。

护发梳顺发应分束梳理,手掌捧着发束,梳齿更能顺开头发,加强服帖度,其步骤如下:

(1)梳理较容易忽略、打结的头发内层。

(2)将头发分束,一手手掌捧着发束,梳理头发表面。

3. 造型梳

造型梳因梳齿材质不同可分为天然鬃毛梳和尼龙梳。鬃毛梳梳齿排列紧密,适合在干发时使用,可快速梳开打结、抚平毛躁;尼龙梳建议在头发有一点湿度时使用,抓发力强,搭配吹风机使用可将头发吹亮。

造型梳按其造型分为以下几种：

(1)齿梳，间距宽，不容易卡住头发或伤害毛鳞片。

(2)尖尾梳，可用于分线或绑发时挑松头发。

(3)圆梳，适合搭配吹风机使用，能吹整出各种造型，直径愈小愈可吹出卷的弯度，吹刘海、吹直、吹弯、吹头顶使头发蓬松都用得上。

4. 木梳

木梳的品种大概可分为绿檀、黑檀、桃木、红木、枣木等。因其制作工艺不同有整木和拼木之分。从外形上大致以月梳、柄梳和鱼梳等为基础造型。

任务训练

一、场景设计

(一)实训目的和要求

通过用梳训练，使学生能够在日常生活中对头发进行有效护理。

(二)实训内容

养护质感头发

二、实训步骤

(一)实训前准备

1. 清洗干净头发。
2. 清洗干净双手。
3. 准备员工发网兜头花一个(深色系)，发网一个，盘发器一个，发胶或定型产品一瓶，黑色皮筋若干，黑色小卡子、U形卡若干，化妆镜一个，吹风机一个，按摩梳、护发梳、造型梳、木梳各一把。
4. 两人为一组(同桌)。

(二)实　　训

1. 用梳技巧练习。
2. 按摩梳、护发梳、造型梳、木梳的使用技巧训练。

效果评价

头发养护练习评分表

姓　　名		地点		时间	
实训项目	实训考查要点	分值	小组评分	教师评分	最终得分
头发养护练习	按摩梳使用技巧	20			
	护发梳使用技巧	20			

续上表

姓　名		地点		时间	
实训项目	实训考查要点	分值	小组评分	教师评分	最终得分
头发养护练习	造型梳使用技巧	20			
	木梳使用技巧	20			
	头部按摩	20			
合　计		100			

典型工作任务二　发型塑造的基本要求认知

任务引入

发型是人体美的重要组成部分，是自然美与修饰美的结合。在现实生活中，职业的不同也往往可以从发型上表现出来。高速铁路客运乘务人员的发型塑造不仅仅是为了个人的美观，更重要的是要符合高速铁路客运乘务职业整体形象的要求。高速铁路客运乘务人员可以通过塑造干练简洁的，具有专业感、利落感、亲切感的职业发型，给旅客留下良好的印象，使服务过程更加舒适和谐。

请思考：

1. 为什么高速铁路客运乘务人员需要塑造干练简洁的发型？

2. 你觉得可以通过发型塑造来修饰自己的脸型吗？比如，长脸型的人在发型塑造方面应注意些什么？

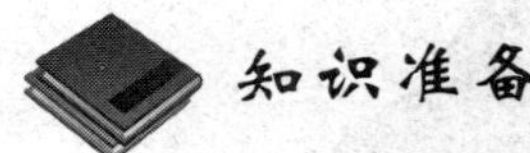

知识准备

发型是人们根据不同的需求和愿望，为了达到特定的效果，体现不同的个性和不同的审美标准，提高男士气质和尊严、女士形象和魅力的重要组成部分。

一、发型的重要性

发型对一个人的整体形象起着重要作用，是在一定历史时期里物质和文化发展的重要标志，同时也是仪表的重要展示部分。

发型之所以重要，主要是可以通过发型表现出人的不同特征：

1. 发型可以展示出人物不同的民族

在人物造型中，通过不同的发型及头发的颜色，可塑造出不同的民族和不同国籍的人物形象。不同的发型和头饰往往是不同民族的象征。我国是一个多民族的大家庭，各民族除了语言不同外，服装和发型也各具特色。例如，苗族女子的发型古典色彩浓厚，一般梳成束髻，髻上插有各种精美饰物；朝鲜族妇女喜欢梳一条长辫并垂于后背，额前不留头发帘，中分，梳得干净利落。

2. 发型可以展示人物不同的年龄

头发的式样可以展示出人物的年龄段。中国古代的“冠礼”，就是以一种改变发式来标志成年礼的活动。在人物头发的造型中，往往利用生理条件的变化所引起的发质、发色以及发式的不同来展现人物形象的不同年龄感。

3. 发型可以展示人物不同的阶层或职业

在我国古代社会，发髻同服装一样，标志着人们的社会地位和阶级属性。在现代社会生活中，职业的不同也往往可以从发型上表现出来，如舞蹈演员为了便于练功，常将头发梳得光滑平整，紧紧地在脑后扎一个发髻；家庭主妇多把头发梳得较为随意、蓬松、自然；白领女士则通常把头发梳得很讲究，有板有眼，如图 3-1 所示。

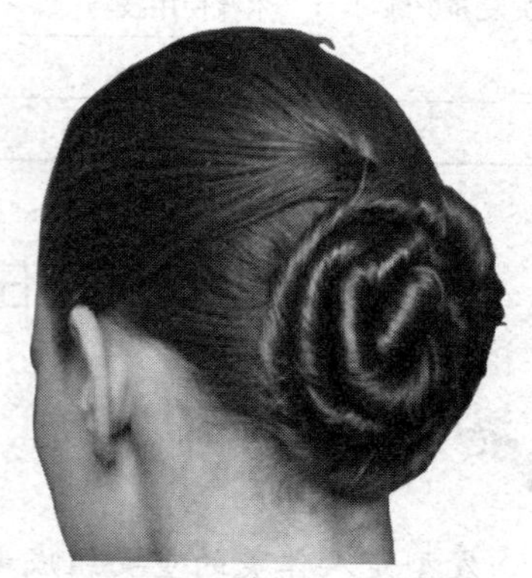

图 3-1　光洁的低发髻

4. 发型可以展示出人物不同的性格

不同的性格、气质，必然会表露在一个人的外表上。性格是多种多样的，有的人内向文静，有的人活泼好动，有的人坚毅，有的人软弱。这些不同的性格，往往会通过他们的外表、发式来表现出来。所以说，发式有助于人物不同性格的展示。

二、发型与职业

作为一名高速铁路客运乘务人员，发型首先要干练简洁，但也不能给人太死板的印象，可以通过塑造具有专业感、利落感、亲切感的职业发型（图 3-2、图 3-3）赢得旅客良好的第一印象。

图 3-2　干练简洁的高速铁路乘务员发型（前）

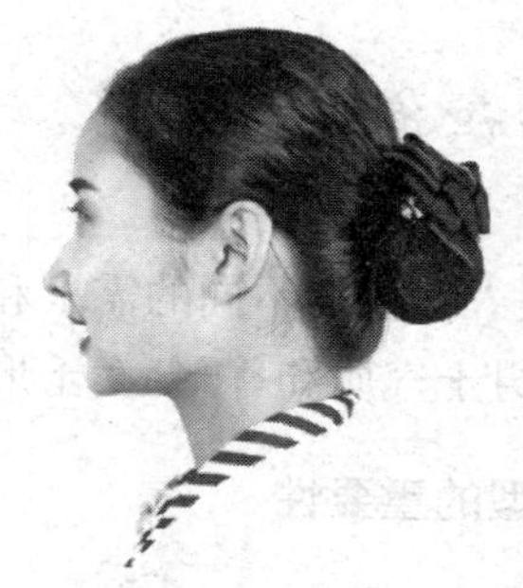

图 3-3　干练简洁的高速铁路乘务员发型（侧）

（一）专 业 感

直发清爽的利落感，塑造知性风格。专业感不只是要让人有专业形象的感觉，适度的亲和力也很重要。

（二）清新洗练感

优雅简单的扎绑技巧，瞬间展露高速铁路女客运乘务人员的清新洗练感。

（三）亲 切 感

美丽迷人的职业发型，可以让旅客获得亲切感。

三、女性客运乘务人员发型塑造的基本要求

（一）整齐干净

头发要常梳常洗，整齐干净。客运乘务人员发型要大方，适合自己的脸型、制服和风度，不留过于标新立异的发型，发型应突出职业感。

（二）符合要求

佩戴车队统一配发的头花。发髻、发卡位置统一，以正面看不到发卡为宜，不剪刘海，散发、碎发用摩丝、发蜡定型，做到美观、自然、整齐利落，如图 3-4、图 3-5 所示。

图 3-4　女客运乘务员常见发髻（侧）

图 3-5　女客运乘务员常见发髻（后）

（三）发色规范

只许染黑色或接近发色的自然色。

四、男性客运乘务人员的发型要求

（一）整齐干净

头发要常梳常洗，整齐干净，保持头发清洁。

（二）符合要求

（1）男性客运乘务人员发型要大方，适合自己的脸型、制服和风度，不留奇异、新潮发型，不染异色头发，要突出职业感。

（2）发型要适合个人，要求简洁，头发不短于 1 cm，前不遮眉，后不抵领，两侧鬓角不得长于耳垂底部，如图 3-6、图 3-7、图 3-8 所示。

（3）不蓄长发，不剃光头，不得留怪异发型。

（三）发色规范

只许染黑色或接近发色的自然色。

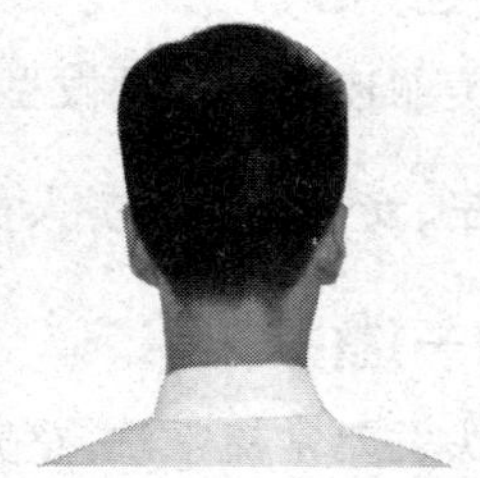
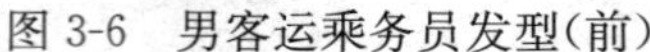

图 3-6　男客运乘务员发型(前)　　图 3-7　男客运乘务员发型(侧)　　图 3-8　男客运乘务员发型(后)

任务训练

一、场景设计

(一)实训目的和要求

通过头发造型分区练习,使学生能够通过发型调整对脸型进行必要修饰。

(二)实训内容

头发造型分区练习。

二、实训步骤

(一)实训前准备

1. 清洗干净头发。
2. 清洗干净双手。
3. 准备发花(带发网、深色系)一个,发网一个,盘发器一个,发胶或定型产品一瓶,黑色皮筋若干,黑色小卡子、U 形卡若干,梳子一把。
4. 化妆实训室。

(二)实　训

1. 头发分区练习

高速铁路客运乘务人员在发型成型前一定要先了解个人的脸型、服饰、妆容等整体形象下的协调统一,而后进行发型设计,决定将头发分成哪几个区域及各区域发量的多少,要重点关注到对脸型的必要修饰。例如:采取偏分、中分、后梳或者顶部拢起等,达到通过发型塑造来更好地对脸型的不足或者是对衬托的部位进行一定的美化与修饰的目的。

头部发区的形状可以根据发型的设计需要有针对性地划分,但具体还要根据对高速铁路客运乘务员的发型规范中的要求进行实际操作。头部发区基本分区示意图如图 3-9 所示,其分区方式、位置及特点见表 3-1。

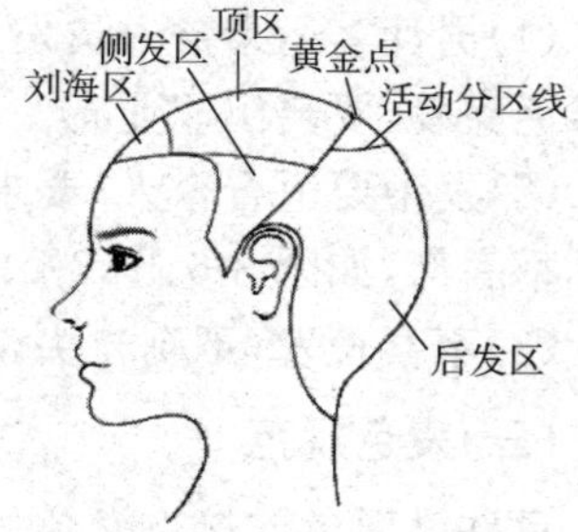

图 3-9　头部基本分区示意图

表 3-1　头部发区分区方式、位置及特点

基本的分区方式	位置及特点
顶发区	处在人的头顶部位，在发型塑造中被认为是盘发的焦点，它是与其他分区相混合的整体
后发区	处在顶发区的后下方偏上的部位，在发型塑造中常用于弥补头顶部位因发质稀少等原因产生的凹凸缺点
后发区底部	处在顶发区后下方偏下部位，在发型塑造中常用于弥补头型中的凹凸缺点，使发型整体一致
侧发区	处在头部的两侧部位，在头发的造型中常用于弥补头部和脸型宽窄、肥瘦的不足
刘海区	处在顶发区的正前方部位，在人的额头上方，在头发的造型中常用于遮盖前额的缺点及调整脸型的长短

效果评价

高速铁路客运乘务人员发型塑造基础练习评分表

姓　　名		地点		时间	
实训项目	实训考查要点	分值	小组评分	教师评分	最终得分
高速铁路客运乘务人员发型塑造基础练习	发型分区的掌握	50			
	发型分区的运用	50			
合　　计		100			

典型工作任务三　高速铁路客运乘务人员发型选择与塑造

任务引入

发型塑造可以烘托出人的外在形象美和个性气质美，塑造出优雅的气质和良好的风度。高速铁路客运乘务人员在进行个人头发修饰时，个人不能脱离铁路企业的规定而自行设计新潮的发型，但在学习和掌握发型与脸型的对应关系后，可以根据个人的脸型来具体调整发型设计中的一些技巧。突显自己的长处，掩盖自己的缺点，更好地展现自己完美的形象。此外，还可根据工作规范进行头发的修饰，并依据发质、脸型、肤色、年龄、职业、季节、个性、体型等特点选择最适合个体形象的发型。

请思考：

1. 根据你的脸型及头型特点，你觉得应该如何塑造适合自己的发型？
2. 工作中对客运乘务人员的发型要求一致，你将如何调整发型来掩盖自己的缺点？

知识准备

一、发型与脸型

(一)头型的分类及一般发型常识

人的头型大致可以分为大、小、长、尖、圆等几种形状。通常可以有效地利用不同的发型来达到修饰头型的目的。

1. 头型大的人,不宜梳蓬松的发型,刘海也不宜梳得过高,最好能盖住一部分前额。

2. 头型小的人,发型要做的蓬松一些。

3. 头型长的人,两边头发应打毛蓬松,头顶部不要梳得过高,应使发型横向发展。

4. 头型尖的人,其头型上部窄、下部宽,不宜剪短发,顶部压平一点,两侧头发可蓬松些,使头型呈出椭圆形。

5. 头型圆的人,刘海处可以梳得高一些,头顶部要蓬松些。

(二)发型与脸型搭配的六大误区

误区一:圆脸型中间分缝。

误区二:长脸型不留刘海。

误区三:方脸型剪平直或中分的发型。

误区四:东方人做沉重的大卷发。

误区五:倒三角脸或菱形脸梳厚重的发型。

误区六:脸大剪清爽短发。

二、发型选择原则

(一)女性发型选择原则

1. 长脸型

(1)特点

脸型比较瘦长,额头、颧骨、下颌的宽度几乎相同,但是脸宽小于脸长的 2/3,如图 3-10 所示。

(2)发型与脸型搭配

长脸型的人发型应该选多层次、两侧蓬松的发型为宜。同时可以在前额处留刘海,前额的刘海以缩短脸的长度,两边修剪少许短发,盖住腮帮,脸就不显得长了。长脸型的发型搭配如图 3-11 所示。

2. 圆脸型

(1)特点

圆弧形发际,圆下巴,脸较宽,如图 3-12 所示。圆脸型的人适合垂直向下的发型或盘发,最好选择头顶较高的发型,留一侧刘海,宜佩戴长坠型耳环。

(2)发型与脸型搭配

发型可增加头发的整体高度,直发和半松造型是较好的选择。还可以直接用头发遮挡住圆形的脸部轮廓线，以产生瘦脸的视觉效果，如图 3-13 所示。

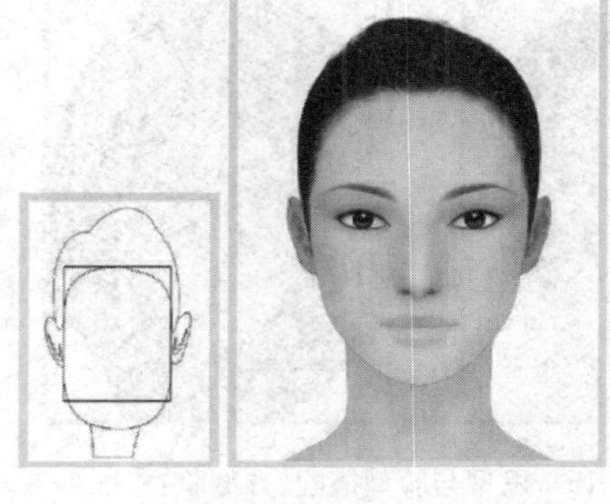

图 3-10 长脸型

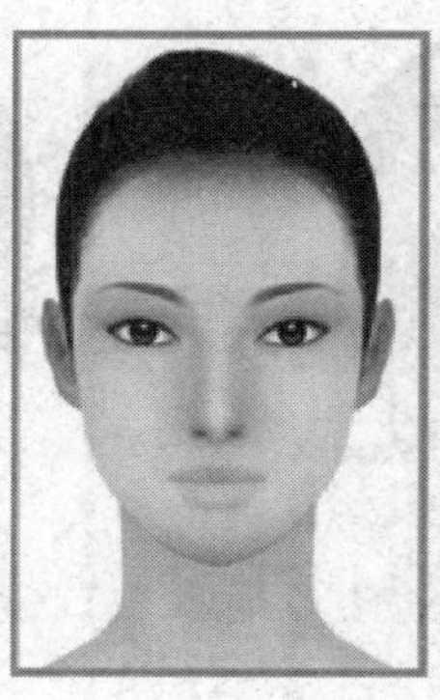

图 3-11 发型与脸型搭配(长脸型)

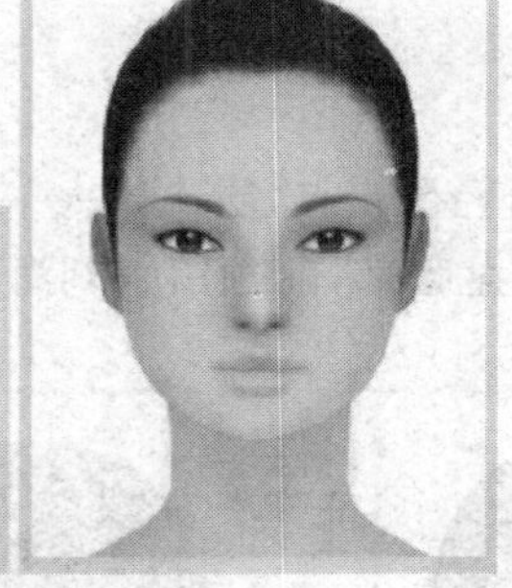

图 3-12 圆脸型

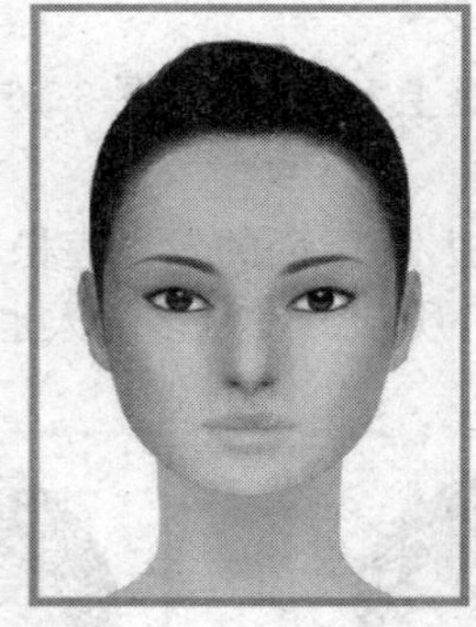

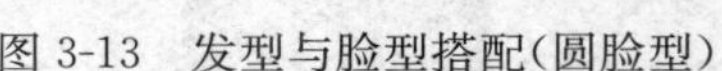

图 3-13 发型与脸型搭配(圆脸型)

3. 方脸型

(1)特点

额头、颧骨、下颌的宽度基本相同，就是四四方方的，如图 3-14 所示。

(2)发型与脸型搭配

①由于棱角突出而不具备女性柔美，应采用波形来弥补有棱角的感觉，突出脸部的竖线条，使脸形呈圆形或椭圆形。如果选择长发型，最好是将全发烫成柔软的大波浪，在脸周围形成松松的感觉，宜选用不对称的刘海破掉宽直的前额边缘线，同时又可增加纵长感。

②方脸型的发型应尽量盖住下颚角，不要使下颚角过于明显。一般不要剪太短，也不要剪太平直或中分的发型，这样会使脸显得更方。头发要有高度，使脸变得稍长，并在两侧留刘海，缓和脸的方正。头发侧分，会增加蓬松感，头发一边多，一边少，营造鸭蛋脸的感觉。

③多层次、柔和的发型为主，弱化脸部硬的线条。最简单就是选用斜的偏分刘海，中长发型为宜。

④顶部头发蓬松，刘海一定要短，甚至不要刘海。往一边梳的刘海，会使前额变窄；头发宜长过腮帮，侧分的头发显得蓬松，使脸型变得柔和。

方脸型的发型搭配如图 3-15 所示。

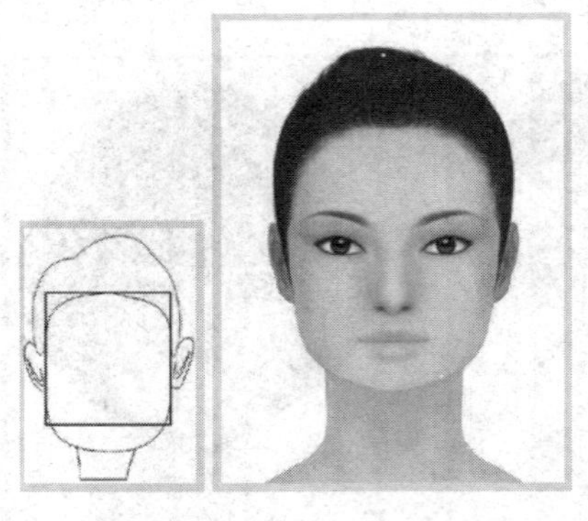

图 3-14　方脸型

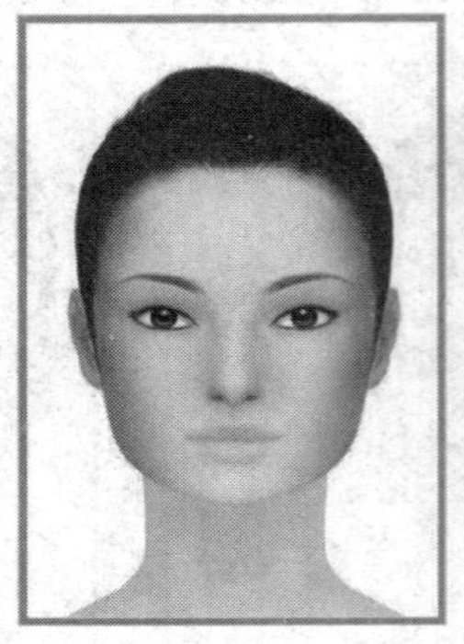

图 3-15　发型与脸型搭配(方型脸)

4. 倒三角脸

(1)特点

“倒三角脸”脸型的特点是上宽下窄，如图 3-16 所示。

(2)发型与脸型搭配

倒三角脸型的人适合留短发，上面的发量蓬松，下面轻盈一点，层次感大一些，修剪出刘海可以显得活泼可爱，如图 3-17 所示。发量多的人也可以盘起来，前额留斜刘海。

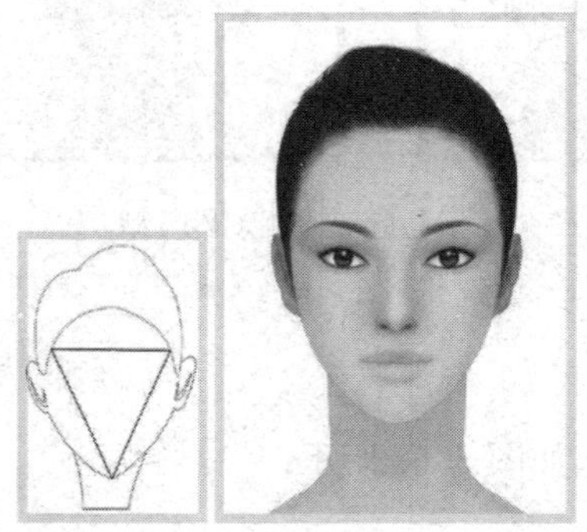

图 3-16　倒三角脸

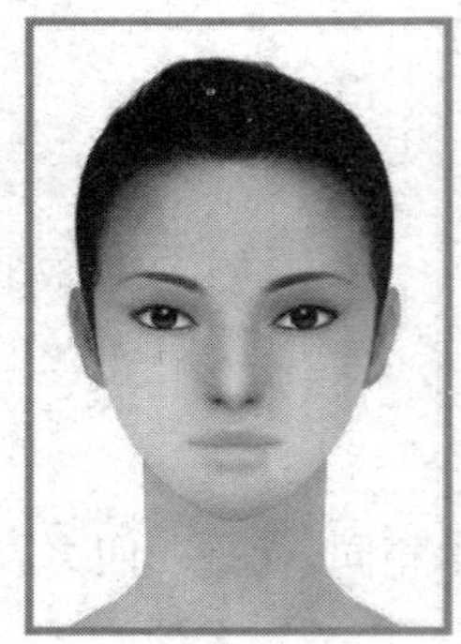

图 3-17　发型与脸型搭配(倒三角脸)

5. 正三角脸(“由”字脸)

(1)特点

“由”字脸形的特点是上窄下宽。

正三角脸刚好与倒三角脸相反，如图 3-18 所示。在发式选择上综合方脸型和长脸型的缺陷掩饰方法，做法与倒三角脸相反。

(2)发型与脸型搭配

由于正三角脸有窄额头和宽下巴，对于这种脸型，在发型设计上应体现额部见宽，把太阳穴附近的头发弄得宽且高一点，以平衡下颚的宽度，尽量把刘海剪高一点，使额头看起来高一些，并且避免下巴附近头发太多，这款发式上半部有动感，下半部稳稳垂下，能在一定程度上纠正脸型的不均衡感，如图 3-19 所示。

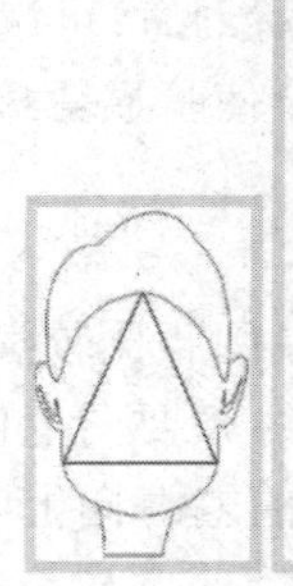
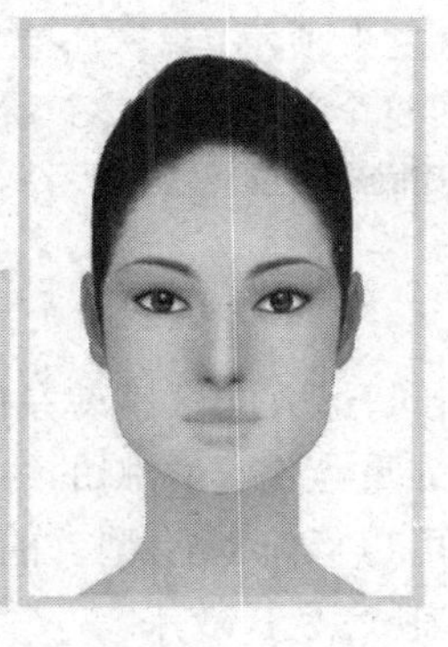
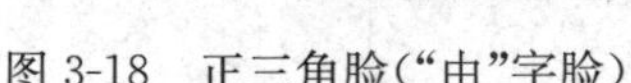

图 3-18　正三角脸(“由”字脸)

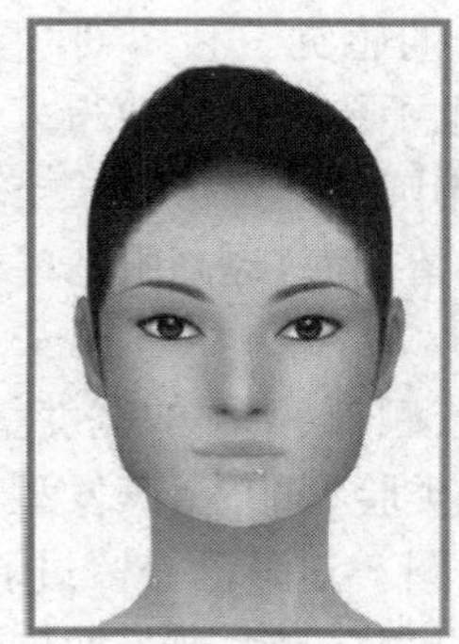

图 3-19　发型与脸型搭配(正三角脸)

6. 菱形脸

(1) 菱形脸的特点

菱形脸也称“申”字形脸,西方人称作钻石脸。从正面看,菱形脸的人面部一般较为清瘦,额头较窄,颧骨突出,尖下颏,面部较有立体感,脸上无赘肉,如图 3-20 所示。

(2)发型与脸型的搭配

前额的蓬松发型将上额两端加宽,从视觉上削弱颧骨的硬棱角,并使尖下巴变得圆润,如图 3-21 所示。

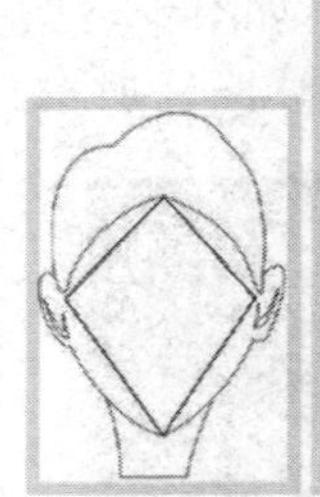
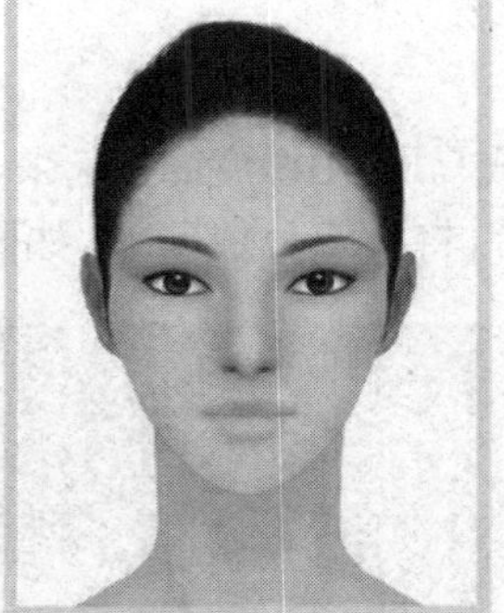

图 3-20　菱形脸(“申”字形脸)

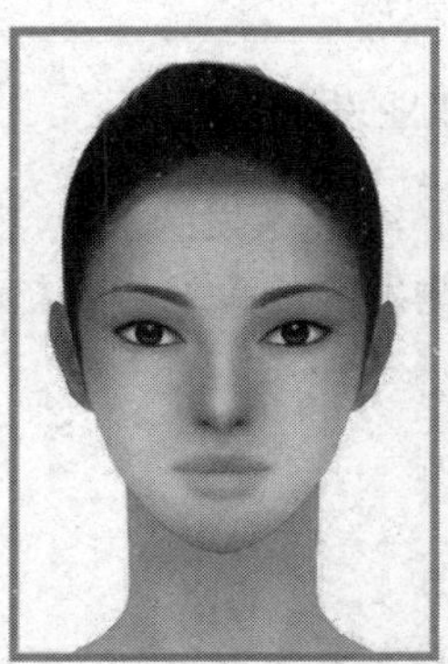

图 3-21　发型与脸型搭配(菱形脸)

7. 鹅蛋脸

鹅蛋脸是很理想的脸型,也可以叫瓜子脸,如图 3-22 所示。它的特点是额头与颧骨几乎一样宽,同时又比下颌稍宽一点,脸宽约是脸长的三分之二,这是完美的脸型,基本上想做什么造型都可以。如果要说缺点,最多说此种脸型比较没有个性(第一印象)。

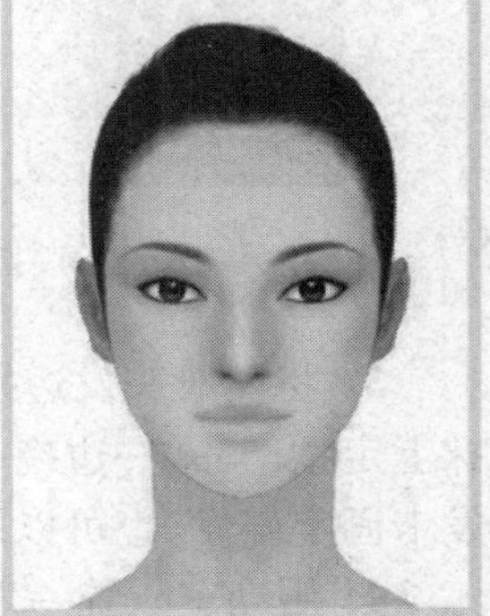

图 3-22　鹅蛋脸(瓜子脸)

(二)男性发型选择原则

1. 长脸型

这种脸型的头发切忌上方蓬松,避免强化长脸型,修饰的重点在于两侧的头发蓬松,切忌剪太短,层次不要打太高，都是避免让脸型拉长的感觉。利用刘海，头发在头顶不能高，不要增加脸的长度。不要留平直、中间分缝的头发，也不要把头发剪得太短，不要全部往后梳、不留刘海；可以剪到腮帮以上，侧分头发，脸会显得稍圆。头发可以长至耳根，前额稍剪些刘海，会使脸显得短。如果一定要留长发，可以在前额处留刘海，提高眼睛的位置。

2. 圆脸型

圆脸和方脸一样，都是额头、颧骨、下颌的宽度基本相同，最大的区别就是圆脸比较圆润丰满，不像方脸那么方方正正。此类脸型的人，其发型的修饰重点在于两侧的线条要向上修剪，头顶要蓬松，才不会让脸显得太圆。刘海记得留过眉毛，可以修饰圆脸型。前刘海向上吹，可以在视觉上拉长脸部。顶发蓬松直立，前发短，两侧贴服，制造竖长效果。

3. 方脸型

这种脸型的人，其发型的修饰重点在于头顶蓬松、刘海侧分且短，尽量把在脸颊旁的头发弄蓬松，减少直线的感觉。

4. 倒三角脸或菱形脸

这种脸型给人一种刻板印象，脸侧边的头发要弄得有蓬松感，让脸的轮廓有修饰的感觉。头顶的头发不要弄得太蓬松，避免让头的上方感觉很宽、很重。

5. 椭圆脸

这种脸型的人，如何去柔化是发型选择的重点。侧边的头发修剪得让人有轻、薄的感觉，避免脸颊与下巴线条过分被强调。

三、女性客运乘务人员职业发型塑造

1. 将发胶喷在整个头发上，保持头发的平滑，然后扎成马尾，用橡皮筋扎起来，如图 3-23 所示。

2. 将刘海区、顶发区及侧发区的头发全部梳到脑后，将头发分成两股，如图 3-24 所示。

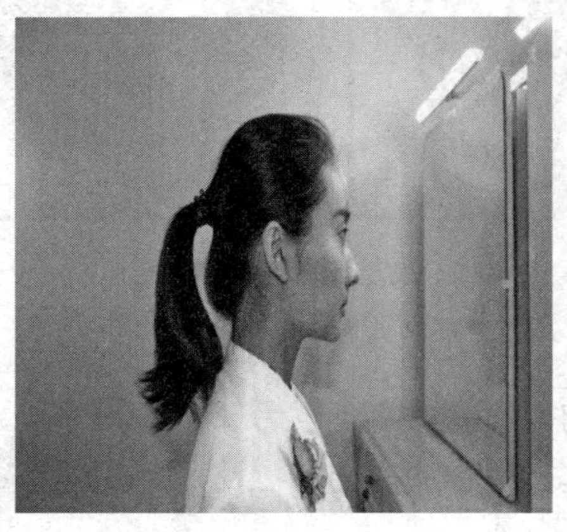

图 3-23 把头发扎成马尾

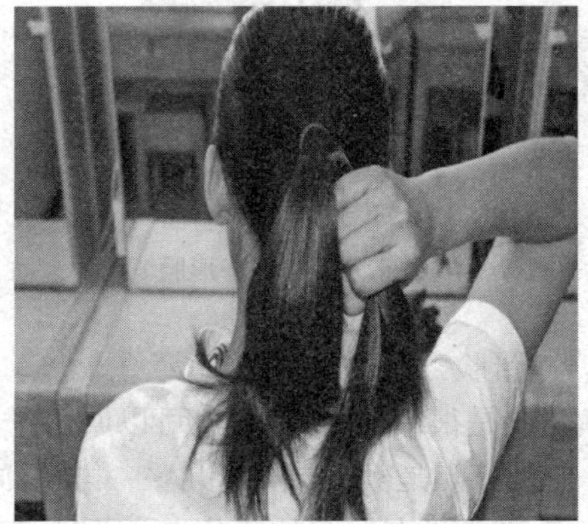

图 3-24 将头发分成两股

3. 将两股头发边扭边绕(图 3-25)，呈 S 形环绕成发髻。挽发髻的时候在手指上均匀地涂抹上定型产品，一边挽一边定型，用黑色发卡将挽好的发髻固定，喷上防毛躁的发胶，两侧可用发卡固定碎发，也可以用定型产品。

4. 用动车队统一发放的发花(带发网)将发髻固定，起到定型和美观的作用，如图 3-26、图 3-27 所示。

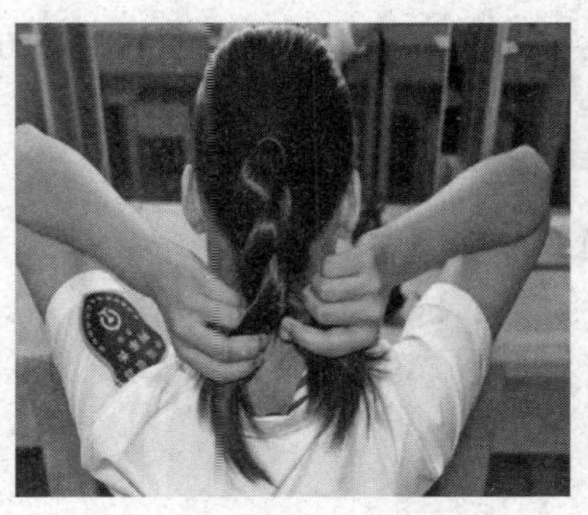

图 3-25　将两股头发缠绕

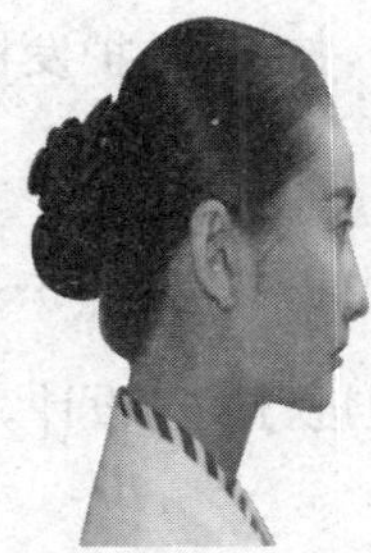

图 3-26　女性客运乘务人员职业发型(侧)

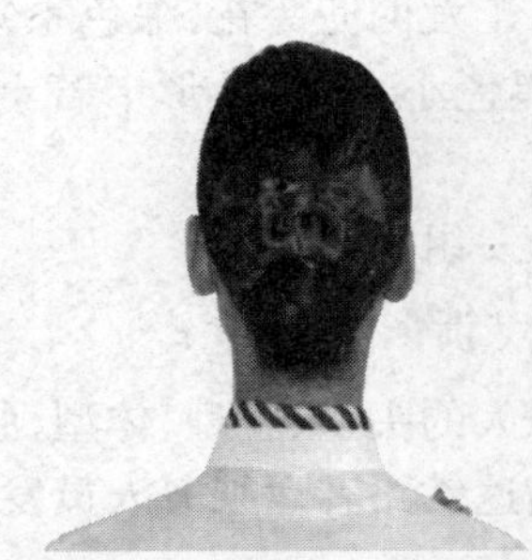

图 3-27　女性客运乘务人员职业发型(后)

四、男性客运乘务人员职业发型塑造

男性客运乘务人员的职业发型要求为前不遮眉、后不触领、侧不留鬓、侧不遮耳，如图 3-28 和图 3-29 所示。

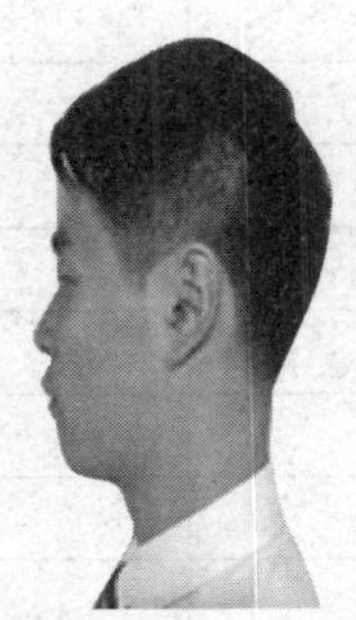

图 3-28　男性客运乘务人员职业发型(侧)

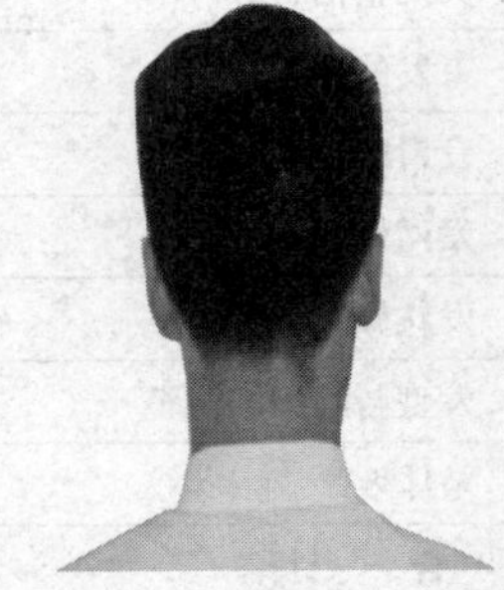

图 3-29　男性客运乘务人员职业发型(后)

任务训练

一、场景设计

(一)实训目的和要求

1. 能够根据自己的头型、脸型、体型、肤色、年龄和个性特点进行发型设计。

2. 熟练掌握高速铁路客运乘务人员常用职业发型的塑造方法和技巧。

(二)实训内容

1. 发型设计练习。
2. 高速铁路客运乘务人员职业发型塑造。

二、实训步骤

(一)实训前准备

1. 清洗干净头发。
2. 清洗干净双手。
3. 准备员工发网兜头花(深色系)一个,发网一个,盘发器一个,发胶或定型产品一瓶,黑色皮筋若干,黑色小卡子、U 形卡若干,化妆镜一面,吹风机一个,按摩梳、护发梳、造型梳、木梳各一把。
4. 两人为一组(同桌)。

(二)实　　训

1. 根据个人的头型、脸型、体型、肤色、年龄和个性特点,分组进行发型设计。
2. 根据高速铁路客运乘务人员发型标准进行职业发型塑造。

效果评价

高速铁路客运乘务人员发型塑造训练评分表

姓　名		地点		时间	
实训项目	实训考查要点	分值	小组评分	教师评分	最终得分
高速铁路客运乘务人员发型塑造训练	头发整洁、无乱发	10			
	束发的高度	10			
	发髻的饱满度	20			
	发网佩戴标准	10			
	发花佩戴位置	10			
	发型与脸型的调整	20			
	整体效果	20			
合　　计		100			

复习思考题

1. 分析发型对职业的影响。
2. 针对个人发质对头发进行养护。
3. 练习正确的用梳方法。
4. 要求长发女同学每次课前盘发。

项目四　高速铁路客运乘务人员着装塑造

学习目标

1. 知识目标

- 了解职业装特点、分类和作用
- 掌握高速铁路客运乘务人员职业服饰要求
- 了解服饰搭配的原则及技巧
- 了解高速铁路客运乘务人员服饰的养护技巧
- 掌握高速铁路客运乘务人员服饰细节修饰技巧

2. 能力目标

- 在高速铁路客运服务中能够展现职业服饰的挺括与美观
- 能够根据自身的体貌特征，独立完成自我职业服饰塑造

3. 素质目标

- 培养用服装色彩美化职业形象的意识
- 提升职业美感和职业感染力

典型工作任务一　职场服装搭配

任务引入

随着社会的不断发展，越来越多的公司开始注重自己的企业形象，而职场人士的穿着是否统一，是一个企业形象的反映，因此，职场人士的着装统一化已经开始成为一个企业形象的重要标志。此外，现在的企业都很注重企业文化的建设，穿工作服也是企业文化之一。例如，一些世界500强跨国公司，也无不以其员工身着标准化的制式工作服而影响着人们的注意力。工作服，不仅仅有劳动保护的一种功能，它更是企业文化的“时装”，是企业形象的一个重要因素。进入大型商场超市门店，也处处可见制服着装。为何这么多部门企业，他们都选择上班统一着装工作服？这是因为穿制式化工作服有助于锻炼企业的纪律，强化企业文化凝聚力，增强员工的企业归属感，营造良好的企业秩序。工作服凝聚着企业的标准与规范以及团体协调与和谐的团队精神，对外传递着企业尊严与企业信息。

请思考：

1. 参加面试时，在服饰穿搭上应该注意些什么？
2. 在服饰穿搭方面，色彩起到了什么作用？请举例说明。

知识准备

一、服饰色彩搭配的基础知识

(一)服装、服饰的颜色分类

1. 暖色:红、橙、黄、粉红。

2. 冷色:青、蓝、紫、绿、灰。

3. 中间色:黑、白、咖啡。

(二)颜色搭配原则

1. 暖色+暖色。

2. 冷色+中间色。

3. 暖色+中间色。

4. 中间色+中间色。

5. 纯色+纯色,净色(纯色)+杂色。

6. 纯色+图案。

7. 彩色系:①冷色+暖色;②亮色+亮色;③暗色+暗色 ;④杂色+杂色;⑤图案+图案。

(三)颜色搭配禁忌

1. 原色:红、黄、蓝。

2. 复色:红+黄=橙;红+蓝=紫 黄+蓝=绿。

3. 中间色:黄+橙=橙黄;橙+绿=棕。

二、服饰搭配的基本原则

人们在选择着装时,首先应力求使自己的着装与时间、地点、场合协调一致,以便使服装具有"现场感",容易被周围的人接受。日本男装协会于 1963 年提出着装"TPO"审美原则,其中的 T、P、O 三个字母,分别是时间(Time)、地点(Place)、场合(Occasion)的英文首字母。它的具体含义是:

1. 时间原则

从时间上讲,一年有四季交替,服装的选择要适合季节气候特点,保持与潮流大势同步;一天有不同的时间段,着装的类型、式样、造型应随时间段内的需要而发生变化。

2. 地点原则

从地点上讲,置身在室内或室外,驻足于闹市或乡村,停留在国内或国外,身处于单位或家中,应该因地点的变化而选择不同的着装,以表现对交往对象的尊重。

3. 场合原则

从场合上讲,人们所处的场合是千变万化的,例如:公务场合对服装款式的基本要求是庄重、保守、传统;在休闲场合应舒适、方便、自然;在社交场合应典雅、时尚、个性。因此,根据场合选择适当的着装色彩、款式,注重穿着搭配技巧,就能体现服装艺术的境界。

三、服饰色彩搭配技巧

(一)颜色配合

1. 强烈色配合

强烈色配合指两个相隔较远的颜色相配，如黄色与紫色、红色与青绿色，这种配色比较强烈。

日常生活中，我们常看到黑、白、灰与其他颜色的搭配。黑、白、灰为无色系，所以，无论它们与哪种颜色搭配，都不会出现大的问题。一般来说，如果同一个色与白色搭配时，会显得明亮；与黑色搭配时就显得昏暗。因此在进行服饰色彩搭配时应先衡量一下，你是为了突出哪个部分的衣饰。黑色不要与沉着色彩(如深褐色、深紫色)搭配，这样会和黑色呈现“抢色”的后果，令整套服装没有重点，而且服装的整体表现也会显得很沉重、昏暗无色。

2. 补色配合

补色配合指两个相对的颜色的配合，如红与绿、青与橙、黑与白等，补色相配能形成鲜明的对比，有时会收到较好的效果，如黑白搭配是永远的经典。

3. 近似色配合

近似色配合指两个比较接近的颜色相配，如红色与橙红或紫红相配、黄色与草绿色或橙黄色相配等，绿色和嫩黄的搭配，给人一种春天的感觉，整体感觉非常素雅。

(二)服饰搭配方法

1. 服饰色彩的搭配方法

服饰色彩搭配涉及色彩学和美学，常用的服饰色彩搭配有三种方法：

(1)同种色相配

这是一种简而易行的配色方法，即把同一色调、明亮度接近的色彩搭配起来，如深红与浅红、深绿与浅绿、深灰与浅灰的搭配等。这样搭配的上下衣，可以产生一种和谐、自然的色彩美。

(2)邻近色相配

把色谱上相近的色彩搭配起来，易收到调和的效果，如红与黄、橙与黄、蓝与绿的配合等。这样搭配时，两个颜色的明度与纯度最好错开，例如，用深一点的蓝和浅一点的绿相配，中橙和淡黄相配，都能显出调和中的变化，起到一定的对比作用。

(3)主色调相配

这是常用的配色方法，以一种主色调为基础色，再配上一两种或几种次要色，使整个服饰的色彩主次分明、相得益彰。采用这种配色方法需要注意：用色不要太繁杂、零乱，尽量少用、巧用。一般来说，男性服装不易有过多的颜色变化，以不超过三种颜色为好；女性常用的各种花型面料，色彩也不要过于堆砌，色彩过多，显得太浮艳、俗气。要强调的是，着装的色彩选配要灵活运用，要与个人的价值观念、性格特征、爱好、职业相配合，同时要兼顾场合和目的，力求达到最好的效果。

2. 服色环境协调法

一个人的服装颜色必须与周围环境和气氛相吻合、协调，才能显示其魅力。

(1)参加野外活动或体育比赛时，服装的颜色应鲜艳一点，给人以热烈、振奋的美感。

(2)参加正规会议或业务谈判时,服装的颜色则以庄重、素雅的色调为佳,可显得精明能干而又不失稳重矜持,与周围工作环境和气氛相适应。

(3)居家休闲时,服装的颜色可以轻松活泼一些,式样则宽大随便些,可增加家庭的温馨感。

3. 服色季节协调法

服装的色彩应与季节协调。

(1)春天:要穿明快的色彩,黄色中含有粉红色、豆绿色或浅绿色等。

(2)夏天:以素色为基调,给人以凉爽感,如蓝色、浅灰色、白色、玉色、淡粉红等。

(3)秋天:穿中性色彩,如金黄色、翠绿色、米色等。

(4)冬天:穿深沉的色彩,如黑色、藏青色、古铜色、深灰色等。

4. 性格与色彩协调法

不同性格的人选择服装时应注意性格与色彩的协调。

(1)沉静内向者宜选用素净清淡的颜色,以吻合其文静、淡泊的心境;活泼好动者,特别是年轻姑娘,宜选择颜色鲜艳或对比强烈的服装,以体现青春的朝气。

(2)有时有意识地变换一下色彩也有掩短扬长之效,如过分好动的女性,可借助蓝色调或茶色调的服饰,增添文静的气质;而性格内向、沉默寡言、不善社交的女性,可试穿粉色、浅色调的服装,以增加活泼、亲切的韵味,而明度太低的深色服装会加重其沉重与不可亲近之感。

5. 体型与色彩协调法

(1)体型肥胖

体型肥胖者宜穿墨绿、深蓝、深黑等深色系列的服装,因为冷色和明度低的色彩有收缩感。颜色不宜过多,一般不要超过三种颜色。线条宜简洁,最好是细长的直条纹衣服。

(2)体型瘦小

体型瘦小者宜穿红色、黄色、橙色等暖色调的衣服,因为暖色和明度高的色彩有膨胀的感觉。不宜穿深色或竖条图案的衣服,也不宜穿大红大绿等冷暖对比强烈的服装。

(3)体型健美

夏天最适合穿各种浅色的服装。

四、个人专属色彩的用色规律

每个人适合的穿衣颜色由一个人天生的肤色、发色和瞳孔颜色三者共同决定,其中存在着一套科学严谨的色彩应用规律。这套规律用"深、浅、冷、暖、净、柔"这六种固有色特征来展示,我们可以对照这六大"个人色彩特征"找找自己是哪一种。

(一)深色型人

固有色特征:头发、眼睛、皮肤的颜色都很深重。

头发:乌黑浓密。

眼睛:深棕褐至黑色,很多深色型人眼白部分略带青蓝色。

肤色:中等至深色,多为深象牙色、带青底调的黄褐色、带橄榄色调的棕黄色,肤质偏厚重。

面部整体特征:深重、强烈。

(二)浅色型人

固有色特征:头发、皮肤、眼睛三者的颜色总体来说是轻浅的、缺乏对比的、不分明的。

头发:不会特别乌黑,基本上是从黄褐色至深棕色的发色。

眼睛:黄褐色至棕黑色,眼白略呈淡淡的湖蓝色,也有一般常见的柔白色。

肤色:从很白的肤色至中等深浅的肤色都有,但肤质都偏薄,不会太厚重。

面容整体特征:轻浅、柔和,没有鲜明的对比。

(三)冷色型人

固有色特征:整个头面部笼罩在一种青色的底调中。

头发:从灰棕褐色至黑色都有。

眼睛:褐色至黑色。

肤色:青白色、白里透玫瑰粉、青黄色、青褐色。

面部整体特征:青冷底调、明净。

(四)暖色型人

固有色特征:整个头面部笼罩在温暖的橘黄底调中。

头发:通常都会泛黄,所以有浅褐色、棕黄色、棕黑色。

眼睛:很多暖色型人眼白部分都是黄白色的,当然这种淡黄色是健康的。

肤色:暖色型人最大的特征就体现在脸色有一种温暖的橘色底调,从黄白至象牙色至深黄色都有。

面部整体特征:温暖、橙底调。

(五)净色型人

固有色特征:在整个头面部,眼睛的光彩会令人印象深刻,头发和眼睛的黑亮与浅白的脸色形成强烈的反差。

头发:黑棕色至乌黑发亮的发色。

眼睛:黑白分明,一般来说白眼球部分会略呈淡蓝色,眼睛很有神采。

肤色:象牙白、青白、最常见的浅色。

面部整体特征:明净、清澈、对比分明。

(六)柔色型人

固有色特征:整体面容有一层灰雾的感觉,色彩不分明,色感不强烈。

头发:一般不会特别乌黑发亮,带有棕黄或灰黄的色调。

眼睛:也不会是乌溜溜的黑眼珠,而是黄褐色的。

肤色:象牙色、哔叽色等中等深浅的肤色,最重要的是肤质不会晶莹剔透,像磨砂玻璃。

面部整体特征:瑰丽、柔和。

五、职场服饰搭配原则与搭配技巧

(一)男士西装的穿着原则与搭配技巧

西装美观大方、穿着舒适,因其具有系统、简练、富于风度的风格,已成为当今国际上最标准、最通用的礼服,在各种场合都被广泛使用。

1. 色彩与面料

(1)色彩

在西装的颜色选择方面,正装西装应该选择深蓝、深灰、黑灰色等比较稳重的颜色,因为这些颜色不仅彰显男性的端庄儒雅,而且能将面部皮肤衬托得更有光彩;而休闲西装的颜色和花纹的种类比较多,可根据个人爱好、肤色、体型选择。

(2)面料

西装在对外活动中往往充当正装或礼服的用途,其面料的选择应力求高档。纯毛料是最好的选择,用高档毛料制作的西装,具有轻、薄、软、挺的特点,也可用含毛比例较高的混纺面料,都能体现西装平展、挺括之美。而各类化纤面料不透气、不散热、无光泽感,不宜用作西装面料。

2. 套装选择

正式的社交活动中所穿的西装必须是套装,分为简易套装和精致套装两类。简易套装包括上衣和长裤;精致套装包括上衣、长裤和马甲。按照传统观点,精致的三件套装比简易的两件套装显得更为正规。不管是哪种套装,都要求必须用同一种面料裁制,穿着时不可卷袖或翻袖,同时应与皮鞋形成整体感。

3. 衬衫

衬衫是西装搭配的重点,色彩以单色为主。西装的袖长以达到手腕为宜;在手臂向前伸直时,衬衫的袖长应比西装袖长出 1.5 cm 左右,以显出层次;衬衫的领口也要高出西装上衣领口 1.5 cm 左右,以保护西装衣领并增加美感。不论在任何场合,衬衫都要保持整洁无褶皱,并且穿着时下摆要塞进裤内,袖口必须扣上。

4. 领带

领带是西装的灵魂,显示了男士的衣着品味,凡是比较正式的场合,穿西装都必须系领带。领带颜色和质地应与西装、衬衫的条纹搭配,色彩和花纹一般以明暗或冷暖相间为好,而且要与自身的年龄、肤色、爱好相协调。

常见领带的系法有四手结、十字结(半温莎结)和温莎结三种(图 4-1)。其中,四手结也叫单结,是所有领结系法中最容易上手的,适用于各种款式衬衫及领带;十字结也叫半温莎结,此款结形十分优雅,使用细款领带较容易上手,最适合搭配在尖领及标准式领口衬衫;温莎结的结形因其宽度较一般结形宽,十分适合使用在意大利式领口(八字领)的衬衫上,最适合与丝质领带相互搭配。

领带的长度以到皮带扣中间处为佳;在非正式场合不打领带时,应把衬衣领扣解开,以显得休闲和谐。

另外,领带夹的用途主要是将领带固定在衬衫上,夹的位置要适中,正确位置应在衬衫从上往下数的第三颗纽扣和第四颗纽扣之间。注意将领带夹别上,然后扣上西服上衣的扣子,从外面一般应当看不见领带夹。

5. 内衣

西装的标准穿法,是衬衫之内不穿棉纺或毛织的背心、内衣。至于不穿衬衫,而以 T 恤衫直接与西装配套的穿法,则更是不符合规范的。因特殊原因,而需要在衬衫之内再穿背心、内衣时,有三点注意事项:一是数量以一件为限,要是一下子穿多件,则必然会显得十分臃肿;二是色彩宜与衬衫的色彩相仿，免得“反差”鲜明；三是款式上应短于衬衫，其领形以“U”领或“V”领为宜。

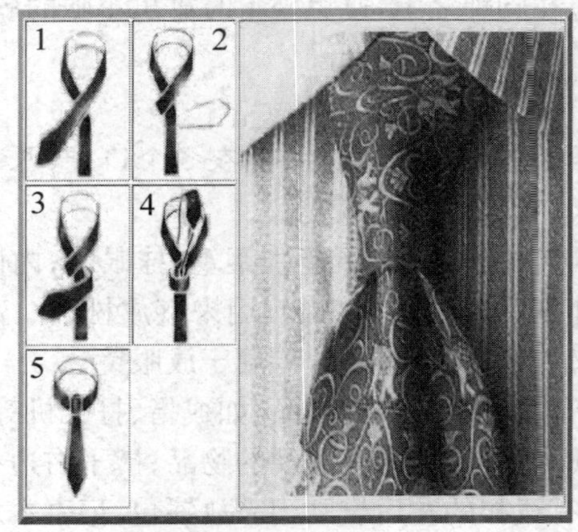

(a) 四手结系法

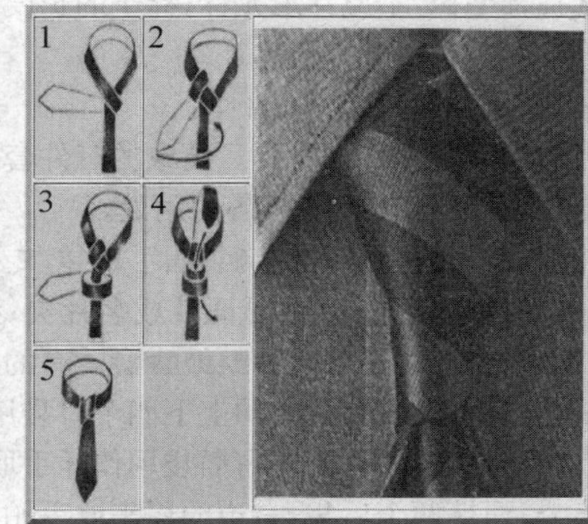

(b) 十字结系法

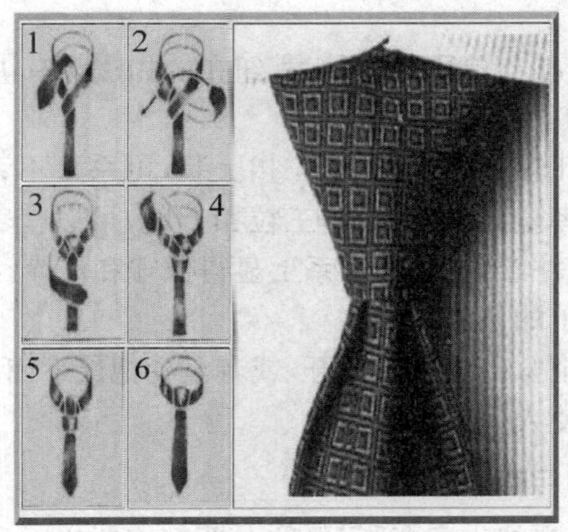

(c) 温莎结系法

图 4-1　领带的系法

此外，除配套的西装背心之外，在西装上衣之内最好不要再穿其他任何衣物。在冬季寒冷必须穿时，只宜暂作变通，穿上一件薄型的“V”领单色羊毛衫或羊绒衫，这样既不会显得过于花哨，也不会妨碍自己打领带。但需注意的是，领带必须置于其间，领带下角不可以从毛绒衫的下端露出。

6. 西裤

西裤是西装整体的另一个主要部分，穿着时应长短适中，与上装相协调；裤腰不要太紧，大小以合扣后可以竖向插入一手掌为宜；西裤的挺缝线一定要笔直、自然地垂到鞋面正中；裤子的长度从后面看应该刚好到鞋跟和鞋帮的接缝处。如果想让腿看起来更修长，那么裤筒的长度可以延伸到鞋后跟 1/2 处；穿着西裤时，注意腰际挂钩要挂住，裤扣要扣好，拉链要拉严。

7. 鞋袜

西装应要搭配皮鞋，着正装西装时，一般以黑色的皮鞋搭配为主，系带的黑皮鞋更为正宗；应养成经常清理保养皮鞋，保持鞋面清洁的好习惯，这是尊重交往对象的具体表现；在正式公务场合,不宜穿旅游鞋、布鞋或其他休闲鞋类。

袜子颜色应与西装一致或深于西装,不能穿黑蓝西装配白色袜子或其他浅色袜子;袜子的质地应选择棉毛袜,不应穿尼龙袜;袜子的长度应在脚踝之上,避免坐下时露出小腿的皮肤,有失庄重。

8. 衣袋

西装的衣袋整理非常重要。精致的三件套西装的口袋有 14 个:上衣 5 个口袋、西装背心 4 个口袋、西裤 5 个口袋,各有各的用处。

西装上衣口袋:左侧的外胸袋叫手巾袋,专插装饰性手帕,不能别钢笔、挂眼镜;内侧的两个口袋,可用来别钢笔、放重要证件或名片夹;外侧下方的两只口袋,用来盛放松、软、薄的东西,诸如纸巾之类,切不可装得鼓鼓囊囊。有的上衣还有直口内袋,专用于放眼镜。

西装背心口袋:西装背心的上下四个口袋用于放名贵的小件物品,如戒指、打火机等。

西装裤子口袋:西裤的左右插袋用作插手取暖或放置烟盒等厚硬的物品;裤子右边有个放手表的表袋;西裤两个后袋,右边的用来放手帕,有纽扣的左后袋则用来放钱包、记事本之类的东西。

9. 纽扣

西装的上装可分为双排扣与单排扣两种,其纽扣的扣法颇有讲究:

(1)双排扣上装,所有扣子最好都扣上。

(2)单排扣上装的情况比较复杂:单排单粒扣上装,可系可不系;单排双粒扣上装,最常见的扣法为系最上面一粒,或者全部不系;单排三粒扣上装,可以全部系上,可以全部不系,可以系中间一粒或最上面两粒。注意:扣子全部系上显得保守和严谨,扣子全部不系显得随意和轻松,应根据具体情况选择扣子的系法。

如果是就座状态,可以把全部纽扣都解开,或者至少把最下面一粒纽扣解开。这样可以使服装不容易“扭曲”变形,也使人坐得舒服自然。

(二)女士套装穿着原则与搭配技巧

女性的服装比男性服装更加丰富多彩,每位女性都应树立一种最能体现自己个性和品位的着装风格。在正式场合中,女士着装需要遵循一定的规范,方能显示自己良好的修养和审美能力。

1. 款式

女性在正式场合的着装款式要根据自己的年龄、体型、皮肤、气质、职业来选择,一般都为套装。着套裤时,上衣可稍微长些,使整个身材显得修长;着套裙时,上衣应长短适中,上衣最短可以齐腰,裙子最长可以达到小腿中部,以充分展现女性腰部、臀部的曲线美。在造型上讲究为着装者扬长避短,所以提倡量体裁衣、做工讲究。

2. 面料

女性套装面料可选择的种类很多:舒适透气可选棉布面料,鲜艳爽滑可选化纤面料,柔软高贵可选丝绸面料,挺括保暖可选呢绒面料,每种面料都有其优缺点。正式场合中,女性的着装原则永远奉行“质料重于款式”的准则,面料精良、设计简单、风格经典的基本款是最值得拥有的。

3. 颜色与图案

女性在正式场合穿的套装颜色以冷色调为主,可以是炭黑色、藏青色、茶褐色和暗红色等,显得端庄和稳重。如果穿着裙装，上衣和裙子可以是一色的，也可以是上浅下深或上深下浅的搭配。但一套在正式场合穿着的套裙，应该由高档面料缝制，上衣和裙子要采用同一质地、同一色彩的素色面料。

正式套装讲究简洁大方，注重平整、挺括、贴身，较少使用饰物和花边进行点缀。有些套裙加上精致的方格、圆点、条纹图案可略显活力，但不能用花卉、宠物、人物等符号作为主体图案，显得杂乱、不够大气。

4. 大小

一套做工精良、大小适宜的套装，无疑会使女性的魅力大增。选购套装应注意，手臂自然下垂时，看看上衣的袖长是否刚好盖住手腕；向上抬起双肘，看看腋下部位是否紧绷；向前环抱双肘，看看后背是否活动自如；胸部的凸出与侧腰部位的收腰是否剪裁得刚刚好；坐下时腰腹部会不会鼓鼓囊囊产生很多褶皱。过大或过小，过肥或过瘦的套装，通常都穿不出美感。

5. 衬衫

女士衬衫的颜色可以是多种多样的，只要与套装相匹配就可以了。白色、黄白色和米色与大多数套装都能搭配；丝绸是最好的衬衫面料，但不管何种面料的衬衫一律要求熨烫平整；衬衫的下摆应掖入裙腰或裤腰之内，不能悬垂于外，更不能在腰间打结；正式衬衫的纽扣除最上面一粒可以不系上，其他纽扣均应系好；穿着西装套裙时，不要脱下上衣而直接外穿衬衫；衬衫之内应当穿着内衣但不可显露出来；不允许当着别人的面随便脱下上衣。

任务训练

一、场景设计

(一)实训目的和要求

掌握职场服饰色彩搭配的基本原则，学会选择适合自己的色彩搭配方案。

(二)实训内容

职场穿搭技巧训练。

二、实训步骤

(一)实训前准备

色布或自制色卡。

(二)实　　训

判断自己的个人色彩特征，并对自己做色彩搭配方案，将色卡贴于下面的空格里，按照要求填写相关内容。

1. 春季着装搭配

(1)上装　[　　]　色彩的名称：________________

(2)下装　[　　]　色彩的名称：________________

(3)内搭　　色彩的名称：________

(4)鞋、包　　色彩的名称：________

写出搭配方法及用色原因：________

2. 夏季着装搭配

(1)上装　　色彩的名称：________

(2)下装　　色彩的名称：________

(3)内搭　　色彩的名称：________

(4)鞋、包　　色彩的名称：________

写出搭配方法及用色原因：________

3. 秋季着装搭配

(1)上装　　色彩的名称：________

(2)下装　　色彩的名称：________

(3)内搭　　色彩的名称：________

(4)鞋、包　　色彩的名称：________

写出搭配方法及用色原因：________

4. 冬季着装搭配

(1)上装　　色彩的名称：________

(2)下装　　色彩的名称：________

(3)内搭　　　　　色彩的名称：

(4)鞋、包　　　　　色彩的名称：

写出搭配方法及用色原因：

5. 工作场合着装搭配

(1)上装　　　　　色彩的名称：

(2)下装　　　　　色彩的名称：

(3)内搭　　　　　色彩的名称：

(4)鞋、包　　　　　色彩的名称：

写出搭配方法及用色原因：

效果评价

职场服饰色彩搭配训练评分表

姓　名		地点		时间	
实训项目	实训考查要点	分值	小组评分	教师评分	最终得分
职场服饰色彩搭配训练	个人色彩特征判断正确	20			
	色布或色卡准备充分,用色合理	30			
	要点掌握准确	30			
	特征描述准确	20			
合　计		100			

典型工作任务二　高速铁路客运乘务制服的着装要求认知

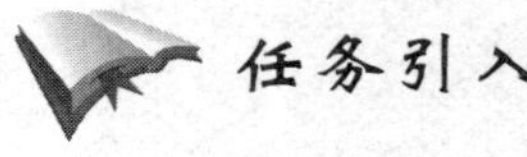

任务引入

对于铁路企业来说,从内到外形成一种凝聚力和形象力,塑造出高速铁路客运乘务人员质朴、稳重、干练和充满自信心的形象是十分重要的。而高速铁路客运乘务人员身着规范统一、分明的职业装进行各自的工作,忙而不乱,有条不紊,逐渐形成企业的向心力和凝聚力,以激励每个员工，按企业的理念、精神去努力工作。对外，可让旅客、来访者通过对职业装及其相应的产品、服务品质的形象产生好感、共同一致的价值观、认同感，无形中增加了其竞争的优势。铁路企业的职业服饰通常是根据旅客的要求，结合职业特征、团队文化、年龄结构、体型特征、穿着习惯等，从服装的色彩、面料、款式、造型、搭配等多方面考虑，为旅客打造富于内涵及品位的全新的铁路人的职业形象。

请思考：

1. 高速铁路客运乘务人员穿着制服的基本要求是什么？
2. 为什么高速铁路客运乘务人员需要着制服上岗？

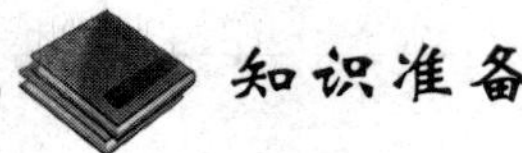

知识准备

一、高速铁路客运乘务制服的相关知识

(一)统一高速铁路客运乘务人员职业着装的作用

1. 树立企业形象

高速铁路客运乘务人员职业着装作为铁路形象中重要识别因素，能够传达出企业的种种信息。它如同一张名片，让旅客从中感悟到企业的经营理念、管理水平、精神面貌等，直接影响企业的综合竞争力，是赋予铁路企业灵魂的形象信息载体。

2. 提高企业凝聚力

高速铁路客运乘务人员身着规范、统一的职业装进行工作，可以让企业的精神意识化作形象的职业装可视因素，如着装造型的美感、色彩的搭配对比、饰物配件的时尚特征等，从中充分体现和传达企业的经营理念，使高速铁路客运乘务人员对企业产生共同一致的价值观和认同感，逐渐形成了企业的向心力和凝聚力，激发高速铁路客运乘务人员按照企业的理念、精神进行工作的自豪感。

3. 塑造独特的企业文化

高速铁路客运乘务人员职业着装的设计是一项融艺术、实用、科学于一体的工程。首先要求综合考虑服装材料的质感和舒适性、透气性等；其次要考虑款式设计应以体现企业文化为依据，结构要求合理，色彩要符合企业的标准色等。例如，是否能通过镶、印、绣、补、佩戴等方式巧妙地将企业标志融合在职业装的胸口、袋边、背后、帽徽、袖缝等处；图案、字体、大小、工艺是否体现企业定位。

4. 规范高速铁路客运乘务人员行为

高速铁路客运乘务人员统一职业着装是投入工作状态的标识，有利于树立和加强其职业道德规范，培养敬业爱岗的精神。如果铁路企业能够恰如其分地将职业着装与高速铁路客运乘务人员的行为联系起来，那么高速铁路客运乘务人员穿职业装的过程就相当于一次“岗前会”，意识到自己已经进入工作状态，增强工作责任心和集体荣誉感。

(二)高速铁路客运乘务人员着职业着装的基本要求

高速铁路客运乘务人员着职业服装不仅是对旅客的尊重，同时也使着装者有一种职业的自豪感和责任感，是敬业、乐业在服饰上的具体表现。高速铁路客运乘务人员着职业着装的基本要求如下：

1. 尺寸合身

高速铁路客运乘务人员职业着装的款式、颜色是统一规定的，不能随意更改。但是，每个人的身高不同、身材各异，要将职业装穿得“有模有样”，展示出原本的设计意图，就必须尺寸合身。试穿时，应将全部的扣子都扣上，看看肩膀等处的线条是否流畅，领围大小是否合适；将手臂抬起、放下，弯弯臂肘，看会不会出现紧绷的感觉；做一个伸展动作，感觉是否有某处太紧或太松；坐下来，感觉一下裤装的臀部是否舒适，看看裙子的长短是否得体；慢慢蹲下身，看看是否有过于紧绷的地方；来回走走，请同事帮忙看看袖长、裤长是否太长或太短。

2. 整齐清洁

高速铁路客运乘务人员穿着职业装时，应将衣服上所有的扣子都要扣好，不漏扣，不掉扣；如果领口上有挂钩，要勾好；不可随意挽起衣袖或裤筒；领带、丝巾、飘带与衬衫领口的吻合要紧凑且不系歪；如有工号牌或标志牌，要佩戴在左胸口袋正上方；戴好工作帽与手套。

职业装要保持清洁，定期清洗，保证无污垢、无油渍、无异味，领口与袖口处尤其要保持干净。

3. 大方挺括

高速铁路客运乘务人员职业装款式简练、高雅，线条自然流畅，便于旅客接待服务；穿前要烫平，穿后要挂好，做到上衣平整、裤线笔挺、衣裤不起皱。

(三)高速铁路客运乘务人员着职业装的具体表现

高速铁路客运乘务人员着职业装的目的是表现出严肃对待工作的态度，旅客通过外表的装束可以看到高速铁路客运乘务人员对工作的认真态度。因此，高速铁路客运乘务人员着职业装要有态度意识，应该表现以下三个方面：

1. 职业自信

职业人通过自己的着装、举止展现着公司的文化、宗旨，所以高速铁路客运乘务人员应该有职业人的风采，而自信是高速铁路客运乘务人员最需要的风采。

2. 一丝不苟的工作态度

目前，高速铁路客运乘务制服最突出的特点是穿套装，得体、大方、庄重的套装向旅客展示的是一丝不苟的工作状态。在出乘时，要模糊性别概念，无论女性或男性，在工作中不是靠性别优势，而是凭借自身的聪明才智和能力。在这一原则指导下，铁路部门统一配发的高速铁路客运乘务职业服装特点是：素雅、款式简单、线条干净利索。

3. 职业个性

工作中的职业装尽管都要求是套装，但风格也有明显的差异。经典的职业着装往往有一点古板；而时尚的职业着装愿意让领子、腰身、袖口等做一些变化，以配合不同职业的个性。所以，职业装也可以把一点点个性融进去，在细节上有所表示。

个性的职业着装基本上可以看出企业人的审美水平，职业装不是军装，不是千篇一律的，职业装可以千变万化，显示出自己不同于别人的地方。例如，风格比较大气的人，套装也会大气些，秀气的人也可以穿得非常合身、短小精悍，还可以通过首饰、耳环、包、项链等配件体现出个性。

二、女性客运乘务人员制服着装要求

(一)戴　　帽

不得斜戴或歪戴，注意帽徽是否端正，不留刘海，帽檐在眉毛上方1～2指位(图4-2)。脱帽后，刘海在眉毛之上。

图 4-2　客运乘务人员戴帽标准

(二)着　　装

工作中按照季节着装，统一规范，整洁大方，穿黑色、深蓝色、深灰色等深色系袜子，着裙装必须穿与肤色相近颜色的长筒丝袜，袜口不能露出裙口，切忌穿抽丝袜，出乘时必须佩戴职业标志，注意不赤足穿鞋，不穿高跟鞋、中跟鞋、钉子鞋、拖鞋。保持制服的干净整洁，经常清洗熨烫，裤子应有明显的裤线，不得将制服的袖子或裤脚挽起，制服上衣的口袋应保持平整，制服衬衣必须为制式衬衣，领口与袖口应扣好，并将下摆收在长裤或裙子内，衬衣领口不得有其他衣物外露。女性客运乘务人员着装标准如图 4-3 和图 4-4 所示。

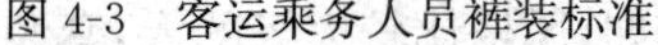

图 4-3　客运乘务人员裤装标准

图 4-4　客运乘务人员裙装标准

(三)饰物与配件

除戴手表外，一律不得佩戴项链、手链、耳坠、耳环、脚链等饰物。

(四)丝巾、胸花

符合车队要求，如图 4-5 和图 4-6 所示。

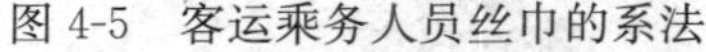

图 4-5　客运乘务人员丝巾的系法

图 4-6　客运乘务人员丝巾、胸花佩戴

（五）鞋袜搭配

乘务员的鞋袜款式、颜色和质地如同制服一样，要经过严格的设计、搭配，使其符合职业特点，特别是与制服搭配的皮鞋对整体形象影响很大。

（1）女客运乘务人员在岗期间应穿着肉色或与制服相配无破损的丝袜，穿裙子时，袜口不能低于裙子的底边，穿着西裙时宜穿连裤袜，防止松掉下来。

（2）女客运乘务人员在工作期间，因工作性质、时长和工作环境等原因，脚部容易肿胀，应穿一双宽松、舒适的黑色皮鞋。女乘务员着黑色皮质船鞋，跟高 3cm，跟径宽 3cm，皮鞋鞋面无任何装饰物、整洁干净、光亮、无破损，与服饰匹配。

（3）每一次出乘前，都要认真清洁皮鞋，确保鞋面整洁、干净、光亮、无破损。

（六）工作标志

1. 肩章

应严格按职务佩戴，不可将肩章反戴或戴成一顺，肩章大小应与制服号码配套。

2. 胸牌

牌戴在上衣左胸口袋上方，上衣左胸无口袋时，佩戴在相应的位置，如图 4-7 所示。

图 4-7　客运乘务人员工作标志佩戴

（七）整体要求

出乘期间做到帽、制服、衬衣、领带（领花）、鞋、职务标志、背包“七统一”。原则上只能在工作地点、工作时间着工作制服。在段内或车站范围内，当班时间必须按规定穿齐工作制服，佩戴标志；参加上级单位组织的活动时须按活动要求着装；已下班但仍穿着工作制服的员工，其行为举止一律按上岗时的规定执行。客运乘务人员制服着装的整体要求如图 4-8～图 4-10 所示。

图 4-8　客运乘务人员制服(夏)着装的整体要求(女)

图 4-9　客运乘务人员制服(春、秋)着装的整体要求(女)

图 4-10　客运乘务人员制服(冬)着装的整体要求(女)

三、男性客运乘务人员制服着装要求

(一)戴　　帽

不得斜戴或歪戴,注意帽徽是否端正,不留刘海,帽檐在眉毛上方 1～2 指位如图 4-11、图 4-12 所示。脱帽后刘海在眉毛之上。

图 4-11　客运乘务人员戴帽标准(前)

图 4-12　客运乘务人员戴帽标准(侧)

(二)着　　装

工作中按照季节着装,统一规范,整洁大方,穿黑色、深蓝色、深灰色等深色系袜子,出乘时必须佩戴职业标志,注意不赤足穿鞋,不穿拖鞋。保持制服的干净整洁、经常清洗熨烫,裤子应有明显的裤线,不得将制服的袖子或裤脚挽起,制服上衣的口袋应保持平整,制服衬衣必须为制式衬衣,领口与袖口应扣好,并将下摆收在长裤或裙子内,衬衣领口不得有其他衣物外露,如

图 4-13 所示。

(三)饰物与配件

除戴手表外,一律不得佩戴胸花、项链、手链、耳坠、耳环、脚链等饰物。

(四)领　　带

系法符合要求(图 4-14),不得将领带退松,长度以系好后大尖头垂到腰带扣处为标准。

(五)鞋袜搭配

1. 男乘务员着黑色系带皮鞋(图 4-15),皮鞋鞋面整洁干净、光亮、无破损,与服饰匹配。

2. 男乘务员应穿与裤子、鞋子同类颜色或较深色的袜子。袜子的尺寸要适当,不得有跳线或松弛的现象。

3. 每次出乘前,都要认真清洁皮鞋,确保鞋面整洁、干净、光亮、无破损。

图 4-13　客运乘务人员着装标准(男)

图 4-14　客运乘务人员领带系法(男女均适用)

图 4-15　客运乘务人员皮鞋标准(男)

(六)工作标志

1. 肩章

应严格按职务佩戴,不可将肩章反戴或戴成一顺,肩章大小应与制服号码配套。

2. 胸牌

胸牌戴在上衣左胸口袋上方,上衣左胸无口袋时,佩戴在相应的位置。

(七)整体要求

出乘期间做到帽、制服、衬衣、领带(领花)、鞋、职务标志、背包“七统一”。原则上只能在工作地点、工作时间着工作制服。在段内或车站范围内,当班时间必须按规定穿齐工作制服,佩戴标志;参加上级单位组织的活动时须按活动要求着装;已下班但仍穿着工作制服的员工,其行为举止一律按上岗时的规定执行。客运乘务人员制服着装的整体要求如图 4-16 所示。

图 4-16　客运乘务人员制服着装的整体要求(男)

 任务训练

一、场景设计

(一)实训目的和要求

通过衣物整理、熨烫训练,使学生能够形成良好的生活习惯,并在旅客服务工作中始终保持职业服饰的整洁、挺括。

(二)实训内容

高速铁路客运乘务人员着装整理、制服熨烫训练。

二、实训步骤

(一)实训前准备

1. 5~7 人一组。

2. 每名学生携带路服全套。男生着黑色皮鞋,黑色皮带(带扣为银色,宽度为 3 cm);女生着黑色皮质船鞋,鞋跟高 3 cm。

3. 在实训场准备 7 套熨烫(蒸汽)工具,常用的熨烫工具有电熨斗、喷壶、刷子、烫枕、烫凳、蒸烫枕等。

(二)实　　训

1. 高速铁路客运乘务员着装整理练习

(1)女客运乘务员着装整理

着装时,衬衣纽扣扣齐且束在裙内。制服口袋内不要装过多物品,保持平整。着风衣、大衣时,应系好腰带。提供餐饮时,系工作围裙,围裙带子系在腰后。

女乘务员在马甲外穿时,衬衣下摆不得外露;在制服上不得佩戴其他任何饰物;制服要保持干净、整洁。

(2)男客运乘务员着装整理

着装时,衣领上的纽扣要扣好,系领带并将衬衫束在裤子内,裤脚不得向上卷起。制服应保持平整、干净,口袋内不要装过多物品。不可在制服上佩戴任何私人饰物,不得将钥匙、手机等物品拴挂于皮带处,皮鞋(只限统一配发的款式)应保持光亮、无破损。

2. 熨烫工具的使用方法训练

(1)注水(蒸汽熨衣及喷水使用)训练

①初次使用时,请注入自来水。

②再次注入时仍可用自来水。不过,如水质太硬(硬度高于17°DH),可使用蒸馏水。

③注水前,请先将插头拔掉。将蒸汽钮转至适宜的位置(即无蒸汽的位置)。

④将熨斗竖起,然后在注水孔内注入约140 mL的水。请用注水杯注水。

⑤请勿自行修理。

⑥接触面避免接触硬体。

⑦电线勿绕在高温的接触面。

⑧使用后尚有余温,避免碰触。

(2)熨衣(自动清洗)训练

请务必检查所熨的衣物上是否有熨衣指示。在任何情况下,均请遵循熨衣指示。

使用安全说明:

①不要同时使用两种电器,用于同一插座电线务必检查,以免发生电线走火,且应避免电器倾斜或摇动。

②刚通电时,不要马上按喷水按钮,以防漏水。

(3)清洁保养训练

①清洁。

a. 清洁电熨斗要等到完全冷却之后进行。可以用软的湿布擦洗。如果衣物焦化粘在底板上,不可强行刮除,避免损坏镀层,可以用墨鱼骨擦除焦化的黏附物。

b. 熨斗使用完毕要充分冷却后才能收起。储存时,为免镀层损坏,最好竖立放置。

c. 储存不用时,调温型蒸汽熨斗要将温度旋钮转至最低,将蒸汽旋钮转至干熨,即无蒸汽的位置。

d. 电源线不能卷得过紧,免得损坏芯线。

e. 蒸汽型熨斗使用一段时间后,若喷汽孔有白色粉末出现,可以用加白醋的水注入熨斗,加热10 min后,断开电源,摇动熨斗进行清洗,然后倒出,用清水冲几遍即可。

②保养。

a. 拔起插头,等熨斗冷却后再行清理。

b. 以柔软布擦拭,不可使用强酸或强碱,以免伤到本体或产生变色现象。

c. 蒸汽喷出孔,以牙签挑除水垢。至少一个月"自动清洗"一次熨斗,如果注入熨斗的水质不好,则更需要清洁。

d. 将淋水槽注入1/2的水。

e. 将熨斗竖起,将温度钮转至最高(棉麻区)的位置。

f. 把插头插入插座,把熨斗平放在水槽上。

g. 设定蒸汽钮(自动清洗)。

h. 沸水和蒸汽即从底盘的小孔中流出。

不洁物及水垢(如有的话)会一同跟着冲掉;此时将熨斗前后晃动,直至水箱内的水全部流出；把插头插入插座；将蒸汽钮转到“干熨”的位置；将熨斗竖起；温度钮设定在“棉麻区”的位置；用一块旧的布熨衣，剩余的水便会由底盘蒸发掉。注意：不要把醋或其他除垢剂倒入淋水槽内。

3. 高速铁路客运乘务人员制服熨烫训练

高速铁路客运乘务人员的制服分为男女士冬装，男女士夏装和春秋装。

(1)女乘务员的制服

①春秋装：长袖衬衫、马甲、制服外套、裙子、长筒丝袜、单皮鞋。

②夏装：短袖衬衫、马甲、裙子、长筒丝袜、单皮鞋。

③冬装：风衣、羊绒大衣、靴子、长筒毛袜、长袖衬衫、马甲、制服外套、裙子和裤子。

④与制服配套的有：丝巾、帽子、围裙、手套。

(2)男乘务员的制服

①春秋装：长袖衬衫、马甲、制服外套、裤子、深色袜子、单皮鞋。

②夏装：短袖衬衫、马甲、裤子、深色袜子、单皮鞋。

③冬装：风衣、羊绒大衣、皮靴、长袖衬衫、马甲、制服外套、裤子。

④与制服配套的有：帽子、领带、肩章、手套。

(3)熨烫要求：制服平整、挺括、无褶皱。

效果评价

高速铁路客运乘务制服整理及熨烫训练评分表

姓　　名			地点		时间	
实训项目	实训考查要点		分值	小组评分	教师评分	最终得分
高速铁路客运乘务制服整理及熨烫训练	制服整理干净整洁，符合要求		20			
	衬衫	平整、挺括	20			
	外套、马甲	内外平整，衣服无极光	20			
	裤子、裙子	裤形平整，裤脚烫平；裙形平整，裙后开衩处不留印痕	40			
合　　计			100			

典型工作任务三　高速铁路客运乘务人员服饰细节塑造

任务引入

服装再怎么迷人，也抵挡不住配饰的魅力。配饰不但可以树立自我风格，还具有装饰效果，进而改变整体装束，让整体造型更添亮丽！人们出席不同场合会为自己挑选合适的衣服，选择合适的配饰，整体造型得体，才能将最完美的自己呈现。与人的身体、服装和气质搭配得恰到好处的饰物常常能够起到一种画龙点睛的效果，提升着我们的文化素质和精神品位，但如果配置不当，也会适得其反。例如，一个身着无花色职业套装的女性，胸前别一枚别致的胸针，会显得十分高雅脱俗。而如果衣服花色鲜艳，则不宜再佩戴胸针，否则会给人以堆积和累赘的感觉。穿素色无花连衣裙的女性，中间配一根淡色的腰带，可避免单调，在简洁中透出婀娜窈窕，而穿普通衣裤的女性，除非特别需要(如军人、警察)，一般则不适合佩带腰带，否则也会显得累赘。此外，在同一个部位，只能选用一种饰物，重复配置不会有好的效果。

请思考：

有人说“佩戴饰品可以增强个人气场，帮助美化个人形象”，你认为对吗？为什么？

知识准备

一、职业配饰佩戴的相关知识

(一)配饰的作用

配饰的质料通常有介壳、骨角、石、玉、陶、金属等，它与服装之间完美的搭配，将有效地展示人的气质、修养、个性等特征，可起到烘托主题和画龙点睛的作用。这是因为：从审美的角度来看，配饰与服装、化妆一道被列为人们用以装饰、美化自身的三大方法之一；从历史的角度来看，配饰是古代衣着服饰制度的一个重要组成部分，在历史中具有宗教意识、权力观念上的特别意义；从人际交往的角度来看，配饰是一种无声的语言，可借以表达使用者的知识、阅历、教养和审美品位，同时也是一种有意的暗示，可借以了解使用者的地位、身份、财富和婚恋现状。

(二)饰品在职场中的佩戴原则

1. 数量原则

选择佩戴饰品应当是起到锦上添花、画龙点睛的作用，而不应过分炫耀、刻意堆砌，切不可画蛇添足。高速铁路乘务人员除必要的工作配饰外，其他个人配饰可以一件不戴；若有意同时佩戴多种饰品，一般上限为三件，即个人配饰的总量不超过三件。

2. 搭配原则

佩戴饰品要视为着装整体的一个环节，兼顾着装的质地、色彩、款式，使之在搭配风格上相互匹配。例如，同时佩戴两种及两种以上的饰品应使其色彩一致；戴镶嵌饰品时，应使其与主色调保持一致，避免杂乱感。

3. 扬长避短原则

饰品的佩戴应与自身条件相协调，如体形、肤色、脸型、发型、年龄、气质等，要通过佩戴饰品突出自己的优点。例如，短而粗的手指不适宜戴重而宽的戒指，戴一个窄戒指反而能使手指显得细长些。

(三)个人配饰在职场中的佩戴规范

在服务过程中，高速铁路客运乘务人员得体的配饰不仅能够提高服装的整体造型水平，为服装增光添彩，而且能够反映出高速铁路客运乘务人员不俗的审美品位。

个人配饰是高速铁路客运乘务人员本人可选择使用的饰品，一般有耳饰、颈饰、腕饰、戒指、眼镜等。

1. 耳饰

耳饰是佩戴在耳朵(多为耳垂部位)上的饰品,从结构上大体可分为插钉型和耳钳型两类,从款式上可分为耳钉型和耳坠型两类。在一般情况下,它仅为女性所佩戴,时尚男士也有佩戴耳饰的,但通常只在左耳垂佩戴一只耳饰。在日常生活中,耳饰讲究成对使用,不宜在一只耳朵上同时戴多只耳环,并且应选择与自己的气质、脸型、发型、着装等协调搭配的耳饰,以获得良好的装饰效果。

从脸型选择上来说,不要选择与脸型相似形状的耳环,使脸型方面的短处被强调夸大。例如,圆脸型可选择长款式的耳坠,不宜佩戴圆形耳环;长脸型的人可佩戴圆耳环或大的耳环,不宜佩戴长形耳坠;方脸型的人适宜佩戴小的耳钉或狭长的耳坠,不宜佩戴大的圆形或方形耳环。

从色彩选择上来说,首先考虑耳环与服装色彩相协调,纯白色的耳环和金银耳环可配任何衣服,而鲜艳色彩的耳环则需与衣装相一致或接近。

从耳环的质地上来说,常见的有金银、钻石、珍珠三大类。佩戴熠熠闪亮的钻石耳环或洁白晶莹的大珍珠耳环,必须配以深色高级天鹅绒旗袍或高档礼服,而人们一般习惯佩戴的金银耳环对服装则没有更多的限制。

在工作时间内,男性乘务人员不宜佩戴任何耳饰,女性乘务人员不适宜佩戴任何大的耳环或长的耳坠,只适宜佩戴小巧含蓄的耳钉,且每只耳朵上只能佩戴一只耳钉。耳钉上若有宝石类镶嵌物,其直径不宜超过 5 mm。另外,耳钉的色彩应与制服的色彩搭配协调。

2. 颈饰

颈饰是佩戴于颈部的饰品,包括项链、项圈、长命锁等。项链是颈饰中最常见的类型,男女均可使用。

一般情况下,项链只佩戴一条,也可将一条长项链折成数圈佩戴,但男士所戴的项链一般不应外露。

项链的材质应与服装款式相协调。例如,穿柔软、飘逸的丝绸连衣裙时,可佩戴宝石吊坠项链给人以清雅脱俗之感;穿职业套裙时,可佩戴纤巧精致的金属项链给人以高贵璀璨之感。

项链的色彩应与服装颜色相协调。例如,金色适宜穿暖色调服装的女士;银色的项链适宜穿冷色调服装的女士。

项链的款式应与体形相协调。例如,脖子细长的女士可以佩戴较短的项链,而体形丰满的高个子女士可佩戴较长的项链。

项链的长度应与场合相协调。短项链(约长 40 cm)适用多种场合搭配低领上装;中长项链(约长 50 cm)适用多种场合多种搭配;长项链(约长 60 cm)适合女士使用于社交场合;特长项链(约长 70 cm 以上)适合女士用于隆重的社交场合。

在工作时间内,男性乘务人员一般不宜佩戴项链;女性乘务人员可以佩戴项链,但其款式应简洁精致,不要选用过分怪异的图形、文字的链坠,色彩要与工作服装相协调,一般情况下不能露出制服。

3. 腕饰

常见的腕饰有手镯、手链、手表等。

手镯佩戴方法是:戴一只时,通常戴于左手;戴两只时,可一只手戴一个;戴三只或三只以上时,都戴在左手上,但很少见。手链一般只佩戴一条,并戴在左手上;不能与手镯同时佩戴。

高速铁路客运乘务人员在工作岗位上常有较多操作性工作，若佩戴手镯或手链上岗，可能会给工作带来不便，同时也会使手镯或手链受损。因此，站务人员工作时间内不宜佩戴手镯或手链。

高速铁路客运乘务人员在工作时间内可佩戴手表，方便掌控时间。手表造型一般以正圆形、正方形、长方形、椭圆形和菱形为主；色彩要清晰、高雅，单色或双色均可；手表图案应简洁大方，不要新奇、花哨；怀式表、广告表、卡通表等不宜出现在高速铁路乘务人员的手腕上。应该注意的是，和旅客交谈时，不要有意无意地看表，这样会让旅客认为你心不在焉、不耐烦。

4. 戒指

戒指，又叫指环，佩戴于手指之上，男女老少皆宜。戴戒指时，一般讲究戴在左手上，而且最好仅戴一枚。国际上有一种流行的约定成俗的戴法：戒指决不能戴在大拇指上；戴在食指上，表示本人想结婚而尚未结婚；戴在中指上，表示本人正处于热恋之中或已经订婚；戴在无名指上，表示本人已经结婚；戴在小指上，表示本人决心过独身生活，也就是表示本人终身不嫁或终身不娶。

高速铁路客运乘务人员工作时间可以佩戴戒指，但通常只允许佩戴一枚戒指，且宝石类戒指上的镶嵌物直径不宜大于 5 mm。

5. 眼镜

眼镜除了能矫正视力之外，还能起到装饰作用。除特殊岗位外，高速铁路客运乘务人员在室内应佩戴镜片透明无色的眼镜，有色的镜片会妨碍高速铁路客运乘务人员与旅客的目光交流；眼镜框的颜色和式样应与自己的肤色及整体着装风格相配。高速铁路客运乘务人员如果用美瞳装饰眼睛，工作时间内应选择自然庄重的颜色，切忌戴与自己瞳色反差较大的美瞳。

6. 香水

在工作时间内，高速铁路客运乘务人员应选用清淡雅致香型的香水；香水应在清洁身体后使用，尽可能与体味调和；在上岗前半小时使用，避免浓郁的香气使旅客不适；香水适合涂在动脉跳动处，如耳后、胸前、大腿弯及手腕内侧；腋下、头发、鞋内忌用香水；避免将香水直接喷于浅色衣物上。

二、高速铁路客运乘务人员职业配饰的佩戴

高速铁路客运乘务人员在工作时间必须按标准佩戴的饰品，一般有发饰、帽子、领带或丝巾、腰饰、胸卡、臂章、绶带、笔等。

1. 发饰

发饰，是指在头发上使用的具有约束头发、固定头发或起装饰作用的饰品。在古代，男女都可使用发饰；现代仅为女士所用。发饰包括以下几种：发圈、发绳、发梳、发簪、发箍、发束、发爪等。在日常生活中，女性选择合适的发饰搭配衣服和鞋靴，能起到画龙点睛的作用。

在工作时间内，短发女性高速铁路客运乘务人员不需要使用任何发饰；而长发女性高速铁路客运乘务人员在工作时的发饰以简洁实用为主，色彩不宜过于鲜艳花哨，材质不宜过于贵重。女性高速铁路客运乘务人员一般使用统一配发的发夹固定全部头发，并将发尾置于发网中，这样既方便工作，又塑造了整齐划一的服务形象。

2. 帽子

男性高速铁路客运乘务人员帽檐边与眉毛保持水平，不露头帘；女性高速铁路客运乘务人

员帽檐在额头 1/2 处，不露出刘海，两侧不留耳发，发花与后侧帽子边沿相贴合，只宜选择黑色且无花色图案的发卡。

3. 领带和领结(丝巾)

一般情况下，领带是男性客运乘务员非常重要的配饰，领带的系法可参照图 4-22 和图 4-23。需要强调的是，男性客运乘务人员不管用哪种打领带的方法，都要把领带结打得端正、挺括，外观上呈倒三角形。

女性客运乘务人员在制服中一般配发丝巾(图 4-17)，且按照企业规定的系法统一佩戴。企业配发的丝巾一般为小方巾。

4. 腰饰

在工作时间内，所有高速铁路客运乘务人员必须按规定着制式腰带(图 4-18、图 4-19)，腰带上不可悬挂手机、钥匙链等物品；上岗前应检查腰带扎得是否合适，腰带有没有“移位”，不能在服务场合调整腰带；在工作进餐的时候，不要当众松紧腰带，这样既不礼貌，也不雅观；如果必要，可以起身到洗手间去整理。

图 4-17　铁路制服中配发的丝巾

图 4-18　铁路制服中配发的制式腰带(女士裙)

5. 胸卡

胸卡(图 4-20)是佩戴在胸前以示工作人员身份的卡片类标志牌，包括胸章、徽章、胸徽、工号牌等。胸卡有长方形、条形、圆形、椭圆形等多种形状，可显示佩戴者单位名称、所属部门、职务、姓名、编号等信息，由单位统一定制并下发。

图 4-19　铁路制服中配发的制式腰带

图 4-20　铁路制服中配发的胸卡

高速铁路客运乘务人员工作时应按照本单位的规定佩戴胸卡。佩戴胸卡时，应注意将胸卡佩戴于规定的位置：带绳的长方形胸卡一般挂在胸前，应注意使其正面朝外；条形胸卡一般佩戴于左胸前口袋上沿中部；圆形胸卡一般佩戴于西装上衣左侧衣领的上端等。

佩戴时要保持胸卡干净整洁、完好无缺；胸卡上的字迹模糊或缺损时，应及时更换新的胸卡；不能在胸卡上乱写乱画，也不能在胸卡上粘贴或悬挂其他物品。

6. 臂章

臂章是佩戴在衣袖上臂部位，表示身份、勤务等信息的标志。高速铁路客运乘务人员的臂章一般佩戴在左臂，形状有盾形（图 4-21）、长方形、菱形等，一般为电脑刺绣制品。

图 4-21　铁路制服中配发的臂章

7. 绶带

在铁路企业的活动宣传（如“排队日”宣传）时，高速铁路客运乘务人员会佩戴绶带上岗。佩戴绶带时应遵循“左肩右挎”的原则，即绶带斜挎在身上时，搭在左肩上。

8. 笔

高速铁路客运乘务人员在服务过程中常常会用到书写笔，因此，需要随身携带。笔的正确携带位置应该是制服上衣的口袋中，但不包括外胸袋。一般情况下，也尽量避免把笔携带在衬衫的口袋里，这样容易把衬衫弄污。

任务训练

高速铁路客运乘务职业佩饰佩戴技巧

一、场景设计

（一）实训目的和要求

通过识别领带、丝巾的材质及学习、练习适用的系法，使学生能够熟练运用职业服饰（佩饰）塑造形象，提升个人魅力，达到高速铁路客运乘务职业服饰要求，熟练运用职业佩饰塑造个人形象。

（二）实训内容

1. 男乘务员领带打法训练。

2. 女乘务员丝巾打法训练。

3. 耳环、项链、戒指、手镯、手链、手表等的佩戴。

4. 肩章、服务号(名)牌的佩戴。

5. 箱包。

二、实训步骤

(一)实训前准备

1. 男同学至少每人准备一条领带。

2. 女同学准备大丝巾(90 cm×90 cm)一条,小丝巾(60 cm×60 cm)一条。

3. 女同学需准备配合丝巾使用的小配饰[丝巾扣、丝巾夹、戒指丝巾扣(9 号)、胸针/别针、橡皮筋]。

4. 穿衣镜、落地衣架、各种类型饰品。

(二)实　　训

1. 男客运乘务员领带打法训练

(1)温莎结的系法训练

温莎结是一个形状对称、尺寸较大的领带结,适合宽衣领衬衫及商务和政治场合,不适合配搭狭窄衣领的衬衫。如果使用厚的领带,打出来的温莎结将会太大。

温莎结的系法如图 4-22 所示,步骤如下:

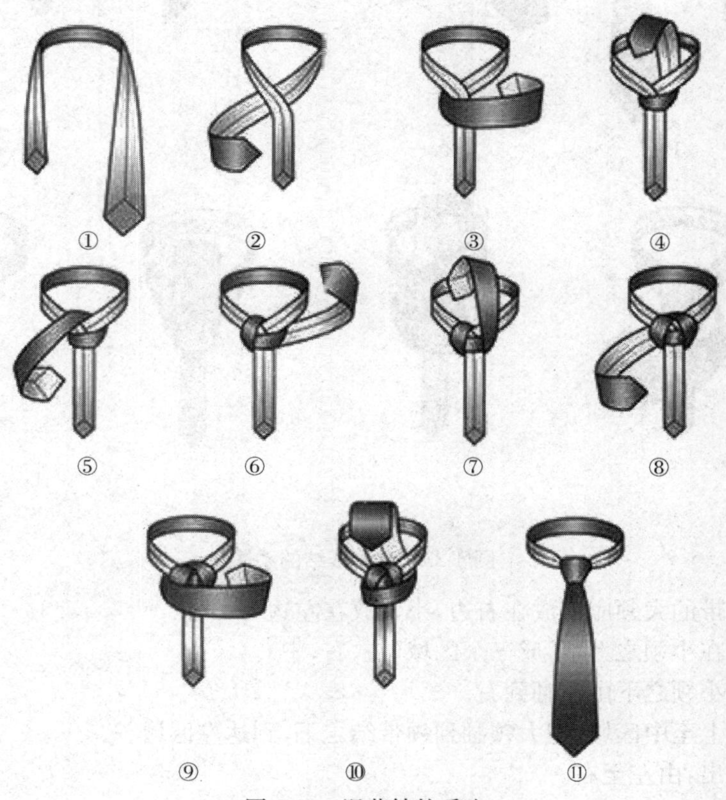

图 4-22　温莎结的系法

①开始时领带的大领应该放在右边，小领放在左边。

②把大领跨在小领之上，形成三个区域(左、右、中)。

③把大领从小领之下由左翻到中。

④把大领翻下到左区域。

⑤把大领从小领之下由左翻到右。

⑥把大领翻到前面至中区域，并把大领从领带结之下由中翻到左。

⑦把大领从领带结之上翻到右。

⑧把大领翻到小领之下，由右至中。

⑨把大领穿过前面的圈。

⑩束紧领带结。

⑪一只手轻拉着小领前端，另一只手把领带结移至衣领的中心。

(2)半温莎结的系法训练

半温莎结是形状对称的领带结，比温莎结小，适合大多数的衣领及场合。

半温莎结的系法如图 4-23 所示，步骤如下：

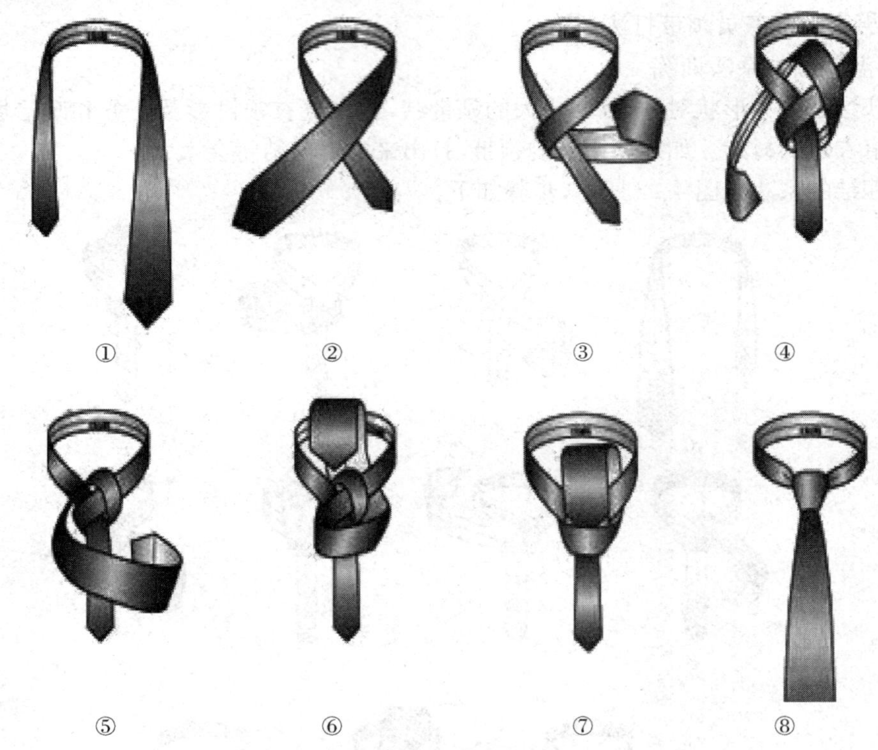

图 4-23　半温莎结的系法

①开始时领带的大领应该放在右边，小领放在左边。

②把大领跨在小领之上，形成三个区域(左、右、中)。

③把大领从小领之下由左翻到右。

④把大领翻上至中区域，把大领翻到领带结之下，到达左区域。

⑤把大领翻出，由左至右。

⑥把大领翻到领带结之下，到达中区域。

⑦大领穿过前面的圈，并束紧领带结。

⑧一只手轻拉着小领前端，另一只手把领带结移至衣领的中心。

2. 女客运乘务员职业丝巾的系法训练

(1)配合丝巾使用的小配饰

配合丝巾使用的小配饰包括丝巾扣(三环，如图 4-24 所示)、戒指丝巾扣(图 4-25)、丝巾夹(图 4-26)、胸针(图 4-27)、别针、橡皮筋等。

图 4-24　丝巾扣(三环)

图 4-25　戒指丝巾扣

图 4-26　丝巾夹

图 4-27　胸针

(2)职业小丝巾系法实操训练(尺寸为 50～60 cm 的正方形丝巾，一般大小为 60 cm×60 cm)

①平结

平结(图 4-28)系法如下：将丝巾对角往中心点对折；对折 2 次，成 3～5 cm 宽；丝巾一长一短拉住，将长的一端从短的一端的下面向上穿过系活结；将从下面穿过来的一端绕过较短的一端再系一个结。整理好形状，将结移到喜欢的位置。

②百折花

百折花(图 4-29)最好选用质地富有张力的丝巾，可以保证系后的丝巾领结形状美丽。用带有镶边的丝巾，更能突出此种系法所特有的富有层次的丝巾褶。搭配与花边颜色相近的长裙，更显娇柔甜美。

图 4-28　平结

图 4-29　百折花

百折花系法如下：将方巾折成风琴状百褶长带围在颈上；打两次活结，即成一个平结，或者也可以用别针把两端固定起来；将平结调至适当位置，整理成花朵形状。

注意：方巾折叠的宽度可根据颈部比例而定，太宽的话导致整条丝巾失去平衡感。搭配圆领时，可以使带有休闲风格的衣领显得更加华美。与方领的搭配，会让你看上去充满女人味。搭配套装最好选用尺寸稍大一些的丝巾，看起来感觉更加协调，使丝巾的两端垂在前面，增加丝巾褶的垂感，这不适合脖子太短或水梨形脸型的人。

③玫瑰花结(方巾)

玫瑰花结(方巾，如图 4-30 所示)系法如下：先把丝巾平铺后对折；拿起丝巾左右两角，打个死结；打开没有打结的两个角；没有打结的两个角，左右相互交叉(注意此点很重要)；继续上一步，向外拉没有打结的两个角；把丝巾翻过来，进行调整。

图 4-30　玫瑰花结(方巾)

3. 耳环、项链、戒指、手镯、手链、手表等的佩戴要求训练

(1)女客运乘务员在岗位期间双耳只可佩戴一对直径不超出耳垂轮廓大小的耳钉(图 4-31)，不得佩戴任何款式的耳环。

(2)男客运乘务员不得在岗位上佩戴任何形式的耳钉、耳环等饰物。

(3)男、女客运乘务员工作期间只可佩戴一条项链，且项链不得暴露于衬衫、毛衣等内衣领之外。

(4)男、女客运乘务员在工作时，单手可佩戴一枚指环式戒指，如图 4-32 所示。

图 4-31　佩戴耳钉

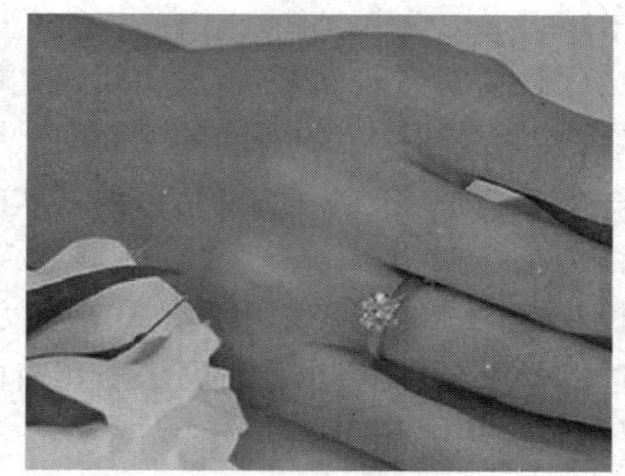

图 4-32　佩戴戒指

(5)工作期间,男、女客运乘务员均不得在岗位上佩戴手链、手镯、念珠等形式的装饰物。

(6)工作期间,男、女客运乘务员均不得在岗位上佩戴脚链、脚镯等饰物。

(7)可佩戴走时准确的3指针手表,不得在岗位上佩戴具有明显装饰意义或有卡通图案的手表。

4. 肩章、服务号(名)牌的佩戴要求训练

服务号(名)牌是由各铁路公司统一配发的胸牌,乘务员在工作期间必须按照公司要求统一佩戴,如图4-33所示。

(1)应严格按职务佩戴,不可将肩章反戴或戴成一顺,肩章大小应与制服号码配套。

(2)男客运乘务员服务号牌应佩戴在西服外套左上口袋中间部位以上1 cm处,着马甲时佩戴位置相同,如图4-34所示。

图4-33　工作期间按要求佩戴服务号(名)牌

图4-34　着马甲时,服务号(名)牌的佩戴位置(男)

(3)女客运乘务员服务号牌应佩戴在马甲或制服外套左上口袋中间部位以上1 cm处,如图4-35所示,着围裙时也需佩戴姓名牌。

图4-35　着马甲时,服务号(名)牌的佩戴位置(女)

5. 箱包要求训练

出乘期间,乘务员必须使用由公司统一下发的箱包,箱包上不要佩挂装饰物及粘贴装饰画;不要在箱包外挂或放不属于公司统一配发的包裹;破损严重的包箱应当及时更换;女客运乘务员出乘时,左肩背小公文包,右手拉行李箱。

效果评价

职业佩饰佩戴技巧训练评分表

姓　　名		地点		时间	
实训项目	实训考查要点	分值	小组评分	教师评分	最终得分
职业佩饰佩戴技巧训练	领带系法;丝巾系法	60			
	耳环、项链、戒指、手镯、手链、手表佩戴规范	10			
	肩章、服务号(名)牌的佩戴	20			
	箱包	10			
合　　计		100			

复习思考题

1. 简述高速铁路客运乘务职业服饰的要求。
2. 系领带的作用是什么？简述2种以上领带打法。
3. 简述3种以上丝巾打法。
4. 鞋如何与着装相配。

项目五　高速铁路客运乘务人员语言形象塑造

学习目标

1. 知识目标

● 了解发音的基础知识

● 理解语言表达的基本内涵和特征

2. 能力目标

● 熟练掌握高速铁路客运乘务人员的发音训练方法

● 准确运用语言表达要领和方式、技巧

3. 素质目标

● 能根据不同服务情境自如调整发声部位，调控音质

● 具备良好的语言表达能力和沟通技巧，流畅自如应对各种服务情境

典型工作任务一　声音形象塑造

任务引入

我国幅员辽阔，历史文化悠久，有着不计其数的地名。这么多地名中包括很多容易被人混淆的城市，它们的名称很多人读起来一样，却并不是一个地方。尽管我国普通话普及率已经达到 80%，但由于方言众多，很多人因为方言习惯改不了口，普通话发音不标准，所以才造成一些地名上的误会。如湖州和福州，很多人因为本地方言约束，在发音上分不清这两个城市。因为读音问题，很容易把这两个地方读成一个地方，甚至有的在窗口买错火车票。同样的还有浙江临海和浙江宁海，也是经常因为发音不标准发生乌龙事件。

由此可见，掌握标准的发音多么重要。普通人应如此，高速铁路客运乘务人员更应如此。

请思考：

1. 如何避免发音不标准的问题？
2. 作为高速铁路客运乘务人员，如何塑造良好的声音形象？

知识准备

一、"声音美"的基本要求

(一)正确清晰

所谓正确，是指发音正确。一方面，不可读别字；另一方面，不能用"直译"方式将方言变成

蹩脚的普通话。

所谓清晰，是指吐字要清楚明晰，不含含糊糊，有正确的停顿和适当的节奏，不要前言不对后语，或者结结巴巴，使人听不明或弄不懂。一个人如果发音不正确、不清晰，对方听不懂、听不清，就不能顺畅完成交际任务。

（二）明快清脆

这既指说话要开门见山，口到心到，心口一致，不故弄玄虚，快言快语，有什么说什么，又指声音要干脆利索，爽利痛快，不拖泥带水。

（三）圆浑清亮

如果说"正确清晰"是要求声音表达科学化的话，那么，"圆浑清亮"则是要求声音表达艺术化。其内涵主要指：声音流畅自然，圆浑雄厚，悦耳动听，有滋有味。

（四）富丽清新

这是指声音既要富于变化，丰富多彩，又要清爽新鲜，生动活泼。一个人如果语音单调呆板、毫无生气，会很大程度影响交际效果。

（五）坚韧清越

坚韧，是指声音坚实、耐久、有力、有始有终。清越，是指声音宛转悠扬，给人留下深刻的甚至是难以磨灭的印象。

二、高速铁路客运乘务人员的发音训练方法

（一）气息训练

声音主要是气息冲击声带而使声带产生振动所至，声音的大小高低与气息有直接的关系，科学运用气息可以使发音者的声音洪亮而具穿透力。气息是否到位也会直接影响发音者声音的稳定性，所以发音训练的首要环节就是气息训练。在练习气息的过程中强调呼吸的作用，很多初学者使用胸式呼吸和腹式呼吸比较多。这两种呼吸方式一个是进气过浅，一个是吸气过深，都不能达到最佳发音效果。为了使高速铁路客运乘务人员更加灵活、生动地使用服务用语，我们推荐用"胸腹式联合呼吸法"进行气息训练，即运用胸肋肌肉、横膈膜、腹肌共同控制气息。具体训练方法有如下四种：

1. 慢吸慢呼

打开口、鼻，将气息慢慢吸到肺部，此时横膈膜下降，两肋肌肉向四周外扩张，小腹向内微收。然后通过保持住两肋和横膈膜的状态，控制住气息，使之平稳、均匀、连贯地慢慢吐出，就像做深呼吸运动一样。但要注意的是，吸气要与闻花时一样自然、平静、柔和，力度不要太大，气不要吸得太多，但要吸得深。因为力度太大，气吸得过多，并不能解决气息不够用的问题，反而容易造成身体僵硬，声音不流畅。可以通过闻花香、吹蜡烛法练习慢吸慢呼，想想自己面前摆放着一盆香气四溢的鲜花，闭上眼睛，慢慢吸气，去感受花香，再用嘴巴慢慢呼出气体，就像吹灭蜡烛那样的速度，如图 5-1 所示。

练习词如下：

金葫芦，银葫芦，一口气数不了 20 个葫芦。1 个葫芦，2 个葫芦，3 个葫芦……20 个葫芦。

在练习中需要注意在"20 个葫芦"后换气，数葫芦的部分需要一气呵成，一口气数到 15～

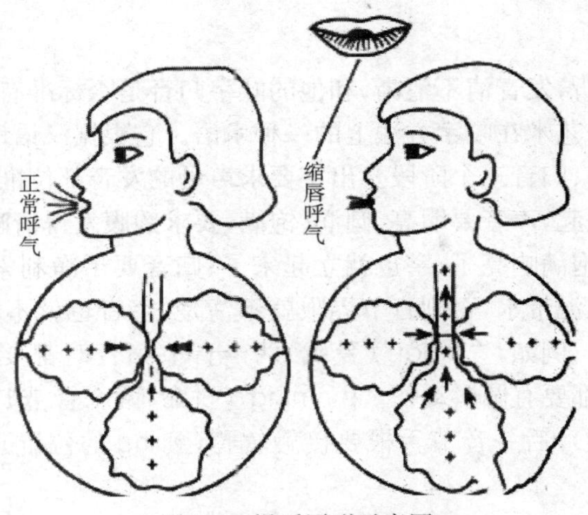

图 5-1　慢呼唇形示意图

20 个即可。

2. 慢吸快呼

口鼻同时慢慢吸气，吸气时平静而柔和，但不能过满，略停后，用嘴急速呼气。呼气时腹肌、膈肌急速而有弹性地推动气息。保持慢吸的正确状态吸气之后，用一口气尽量说又多又快的话，可以用简单重复的绕口令来练。

练习词如下：

吃葡萄不吐葡萄皮儿，不吃葡萄倒吐葡萄皮儿。

班干部不管班干部。

3. 快吸慢呼

吸气时想象自己有一位很久没见的老友，突然出现在你面前，你惊奇地倒抽一口气，几乎喊叫出来，就暂停在这种状态，几秒后仿佛有一股外部力量将小腹向后推压，感到小腹在与这股外来力量的对抗中，气息徐徐向着上齿根的背后发送，这时横膈膜有力地起着支持作用。可以用任意老友的名字，快吸一口气然后拖长腔喊名字进行练习。

4. 快吸快呼

通过口、鼻快速、敏捷地深吸气，气息保持适度，然后快速呼出，想象自己正在用力吹跑桌上灰尘。整体感觉是一吸一松(呼)。可选练快板、戏曲、曲艺说白的贯口段子，要求呼吸控制急而不促、快而不乱、长而不喘。

练习词如下：

蒸羊羔、蒸熊掌、蒸鹿尾儿。烧花鸭、烧雏鸡、烧子鹅、炉猪、炉鸭、酱鸡、腊肉、松花、小肚儿、晾肉、香肠儿。什锦苏盘儿、熏鸡白肚儿、清蒸八宝猪、江米酿鸭子。罐儿野鸡、罐儿鹌鹑、卤什件儿、卤子鹅、山鸡、兔脯、菜蟒、银鱼、清蒸哈什蚂。烩腰丝、烩鸭腰、烩鸭条、清拌鸭丝儿、黄心管儿、焖白鳝、焖黄鳝、豆豉鲇鱼、锅烧鲤鱼、锅烧鲶鱼、清蒸甲鱼、抓炒鲤鱼、抓炒对虾、软炸里脊、软炸鸡。什锦套肠儿、麻酥油卷儿、卤煮寒鸦儿、熘鲜蘑、熘鱼脯、熘鱼肚、熘鱼骨、熘鱼片儿、醋熘肉片儿。烩三鲜儿、烩白蘑、烩全钉儿、烩鸽子蛋、炒虾仁儿、烩虾仁儿、烩腰花儿、烩海参、炒蹄筋儿。

——节选自相声《报菜名》

(二)吐字归音训练

一个人讲话动不动听,发音清不清晰,和他的吐字归音是否标准有着密切的关系。吐字归音,是我国传统戏曲声乐艺术在咬字方法上的一种术语。它根据汉语语音特点,将一个音节的发音过程分为出字、立字、归音三个阶段。出字要求声母的发音部位准确、弹发有力,这样字音才能真切;立字要拉开立起,声音要明亮、圆润、饱满,要求韵腹发得清晰响亮,因为韵腹音程最长,乐音最丰满,韵腹发饱满响亮了,字也就立起来了;归音要干净利索,趋向鲜明,迅速到位,做到轻而又准,切不可拖泥带水,否则音节界限就不清楚,字音也就不清晰了。归音时特别要注意口型和舌位的变化。例如,“àidài”(爱戴)两个音节归音时都要有展唇动作,“bāotóu”(包头)两个音节归音时都要有圆唇动作,“pīnmìng”(拼命)两个音节归音时,前一音节舌尖要接触上齿龈(到 n 的位置),后一音节舌根要接触软腭(到 ng 的位置)。图 5-2 为发音器官示意图。

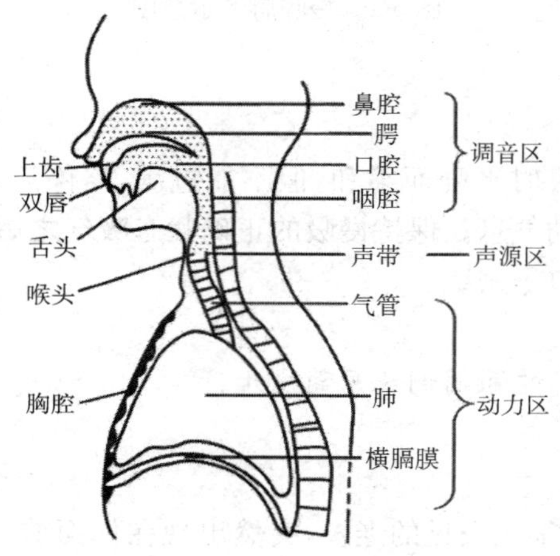

图 5-2 发音器官示意图

通过对每一阶段的精心控制,使吐字达到清晰有力、珠圆玉润的境界。吐字归音的目的是要做到吐字发音准确清晰。吐字不清晰的客运乘务人员,即使声音很大,旅客也听不清你在说什么,更谈不上谈吐有魅力了,所以客运乘务人员日常也要加强吐字归音的练习。练习吐字归音,这里推荐一些绕口令如下:

四和十,十和四,十四和四十,四十和十四。说好四和十得靠舌头和牙齿,谁说四十是“细席”,他的舌头没用力;谁说十四是“适时”,他的舌头没伸直。认真学,常练习,十四、四十、四十四。

这是蚕,那是蝉,蚕常在叶里藏,蝉常在林里唱。

眼睛上长眼皮,上有上眼皮,下有下眼皮。上眼皮真调皮,没事欺负下眼皮。左眼上眼皮打左眼下眼皮,右眼上眼皮打右眼下眼皮。左眼上眼皮打不着右眼下眼皮,右眼下眼皮打不着左眼下眼皮,左眼下眼皮打不着右眼上眼皮,右眼上眼皮打不着左眼下眼皮。

(三)共鸣训练

生理学家说过,声带产生的音量只占讲话音量的 5%,其他 95%的音量则要通过胸腔、头腔、口腔、鼻腔所组成的共鸣器放大产生。人的口腔、胸腔等发音器官就像一个音箱,搭配使用得当就能发出具有磁性的嗓音。为什么有的人说话的声音穿透力特别强，即使房间里噪声很大，也能听清他在讲什么，这就是共鸣的原因。你的声音必须是通过胸腔共鸣产生的，而不是堵在嗓子眼里被憋出来的。发声首先要保证字音清晰，在此基础上才能进行美化。为了使声音更加大方、自然、朴实，发音者需以口腔共鸣为主，善用胸腔共鸣，使用适当的鼻腔共鸣作点缀。为了达到和谐的共鸣效果，可按照以下方法进行系统训练。

1. 口腔共鸣训练

多采用张口练习法练习口腔共鸣，可用惊吓张口、半打哈欠、吞咽食物张口等方式来练习口腔张口，在气推声之前吸气，同时打开口腔立即发音。经过多次反复练习，即可获得口腔共鸣的发音效果。

韵母拼合拼音练习如下：

bā　dā　gā　pā　tā　kā

pēng　pā　pī　pū　pāi

pāi　pū　pī　pā　pēng

词组练习如下：

吧哒哒　滴溜溜　咕隆隆　咣当当　呼啦啦　扑通通

句式练习如下：

天空变成了浅蓝色，很浅很浅的；转眼间天边出现了一道红霞，慢慢儿扩大了它的范围，加强了它的光亮。

她是有丁香一样的颜色，丁香一样的芬芳，丁香一样的忧愁，在雨中哀怨，哀怨又彷徨。

2. 胸腔共鸣训练

最简单的方法是发音之前先做好闭口打哈欠的准备，在气推声的同时，胸腔打开，类似雄鹰展翅的感觉；或者做扩胸动作，体会胸腔打开，如同手风琴的风箱张开的原理。多次反复练习就能获得胸腔共鸣的效果。

元音 a 开口度大，容易产生胸腔共鸣，含有元音 a 的词组练习如下：

暗淡　阿爸　武汉　昂扬　翻盘　开发　到达　回家

诗词练习如下：

春晓

唐　孟浩然

春眠不觉晓，
处处闻啼鸟。
夜来风雨声，
花落知多少。

泊秦淮

唐　杜牧

烟笼寒水月笼沙，
夜泊秦淮近酒家。
商女不知亡国恨，
隔江犹唱后庭花。

3. 鼻腔共鸣训练

最简单的方法是练习“凝目远视”，也就是在气推声之前，先凝目远视并提小舌头，同时用气推声。它有两种效果：一是使鼻窦器官张开，二是提软腭，打开咽腔。多次反复练习，即可获得鼻腔共鸣效果。但这种共鸣只是点缀，切不可使用过度造成鼻音过重的效果。可用 m,n 开头的音做练习，体会鼻腔共鸣，然后再发其他音。

词组练习如下：

妈妈　买卖　光芒　中央　接纳　already

牛奶　弥漫　泥泞　美貌　满面　人民

句式练习如下：

朝霞冉冉升起，东方透出微明。你听，你听！国旗的飘扬声。

蓝蓝的天上白云飘，白云下面马儿跑，挥动鞭儿响四方，百鸟齐飞翔。

为了使共鸣在发音训练中得以自如运用，保证音色有机统一，在各共鸣器官分模块练习的同时，还需要对各个主要共鸣腔体进行混合训练，也就是全身共鸣，把全身作为嗓音的反射板，使共鸣得到更好的拓展与运用。

三、高速铁路客运乘务服务语音规范

掌握科学的发音训练方法，归根结底是为了给旅客提供更为优质的语音服务。语音的大小、高低、粗细、快慢等，都能够反映出客运乘务人员的情感输出，旅客可以从客运乘务人员不同的语音中感受到他们的态度甚至是个性。

(一)语音准确、清晰、响亮

对客运乘务人员来说，语音准确、清晰就是说尽可能规范的普通话，能够清楚地和旅客进行交流，达到服务目的，特殊情况下可以使用方言。在具体日常工作中，客运乘务人员的语音还应当做到圆润、纯正、爆满、富有弹性。在较大的空间和较多的旅客面前，与多人同时讲话时，声音应较为洪亮，提高发声力度。

(二)发音音量适中

音乐家在演奏音乐时，会确保音量与所选的曲子一致，客运乘务人员的服务语音也应随着内容的变化而做稍微调整。大部分情况下，与旅客口头交流使用可以使对方听清楚又感觉舒适悦耳的适中音量。如果客运乘务人员的音量过高，就会显得生硬、无礼。相反，如果客运乘务人员音量过低，不但对方听不清楚，还会令人感到沉闷小气，甚至有一种被怠慢的感觉。有以下两个小技巧可以试试：

1. 在每说完一句话时，尾音部分稍微提高一点音量，可以倍增亲切感。

2. 在说话过程中，音量的适度升高，有时可以显示对对方谈话的热情。

(三)语速平稳适中

说话速度也是形成旅客对客运乘务人员第一印象的重要指征。语速过快，旅客会觉得客运乘务人员不耐烦，不在意。语速过慢，旅客会觉得客运乘务人员漫不经心，态度敷衍。客运乘务人员在和旅客交流中应保持适中的语速，在谈到重点内容时还可以进行适当停顿，切忌急躁。只有娓娓道来，典雅文静才能给旅客留下亲切大方的印象。

(四)语气恰当

语气是指说话人对所指的动作或状态所持有的态度。客运乘务人员与旅客的说话语气，直接影响服务质量。客运乘务人员一定要在语气上表现出热情、亲切、柔和、有耐心。即使遇到问题，客运乘务人员也要用委婉的语气表达否定的意思，应避免出现以下语气：

1. 语气生硬

语气生硬是指客运乘务人员在和旅客交流时语言僵硬，态度冷淡，拒人于千里之外的感觉。例如，“着什么急”“喊什么”“等着”“废话”“别乱动，你赔得起它吗?!”等等。

2. 语气急躁

语气急躁是指客运乘务人员在使用服务用语上显得焦急、暴躁、激动、不耐烦。例如,“赶紧的”“快点,我还有别的事儿呢!”“你上不上车?!”等等。

3. 语气轻蔑

语气轻蔑是指客运乘务人员看不起个别旅客,表现在语言上,用话语低视旅客。例如:“你瞧你那个样子!”“这又不是自由市场,还能还价?”“知道吗?你!”等等。

任务训练

一、场景设计

(一)实训目的和要求

1. 掌握高速铁路客运乘务人员发音方法。

2. 做好动员工作,强调训练要求,力求训练保质保量且全员全心参与。

(二)实训内容

1. 分组练习气息训练、吐字归音训练、共鸣训练中出现的练习语句,对照自己和小组同学存在的问题并纠正。

2. 朗读动车组列车广播规范用语,训练科学发音。

(1)通告用语

①始发前 5 min

欢迎乘坐西安局担当的高速铁路旅行,这趟列车是由上海虹桥开往西安北方向的 G1920 次列车,开车时间 9:24,现在离开车时间只有 5 min,送亲友的朋友请即刻下车,列车很快就要开车了。

②开车欢迎词

欢迎乘坐西安局担当的 G1920 次列车,我们全体乘务员将竭诚为您服务,衷心祝愿大家旅行愉快、一路平安!

③预报站名

(开车后)

列车运行前方停车站常州北站,正点到达常州北车站的时间是 10:12,停车 2 min,下车的旅客请提前整理好行李物品,做好下车准备。

(到站前)

南京南站就要到了,请您提前在车门处等候下车,列车在南京南站停车 5 min,下车时要注意列车与站台之间的间隙,注意安全。列车在站停车时间短,其他旅客请不要下车散步或吸烟。

④终到前卫生通告与告别

列车快要到达终点站西安北站了,请配合将小桌板、座椅靠背恢复原位,将杂志装入座椅靠背后面的网袋内,列车到站请顺序下车,下车时请注意列车与站台之间的间隙,防止踏空摔伤。感谢您选择 G1920 次旅行,我们期待着与您再次相逢。

⑤车内概况

这趟列车是由上海虹桥开往西安北方向的G1920次列车，最高时速300 km，全程1 509 km，运行7 h 1 min，列车途中停靠11个车站(可介绍途中站停点)，到达终点西安北站的时间是16:25。本次G1920次编组8辆。1号是一等座车，其他为二等座车。餐吧车设在2号车厢，全程供应套餐、地方特色小吃、各种休闲食品及饮料。每两节车厢设盥洗室、卫生间、电茶炉、大件行李存放处。5号车厢设有残疾人卫生间和婴儿护理台，卫生间墙面标有使用方法，可按提示正确使用。在此提醒旅客们请不要向集便器内抛扔杂物，以免堵塞影响使用，如厕时遇有紧急情况可按报警装置及时报警。您的座椅靠背可以调节，调节时请按住座椅扶手一侧的按钮用力向后靠仰，使座椅的靠背调整到您适合的位置。在您前方座椅靠背的口袋里有清洁袋，供您扔置杂物时使用。在每个车厢座椅扶手内或前排座椅背后设有小桌板，小桌板承重有限，请不要放置重物或趴在小桌板上睡觉，敬请大家爱护使用。

⑥卫生宣传一

×次列车先进的设施设备，给大家的旅行带来便利，干净整洁的车厢会为每位旅行者增添一份好心情，保持车内环境卫生离不开您的协助。在每个车厢每个座椅后部网袋内装有清洁袋，您可将废弃物装入清洁袋内或直接放入车厢一端的垃圾箱。为保持良好的乘车环境，列车保洁人员随时会进行清扫和整理工作，但是清扫后的保持需要大家的配合。您一点一滴的帮助都是对我们列车工作的支持。

⑦卫生宣传二

多一份清洁，多一份舒适。请您不要随地吐痰，不要乱扔废弃物。带小孩的旅客，请注意及时带小孩如厕。随地吐痰不但污染环境卫生，还会传播多种疾病，有痰请您吐到废纸里扔进垃圾箱内。目前噪声污染与水污染、大气污染同被看成世界范围内三个主要环境问题，列车上是人员密集的地方，为了您的健康，请不要大声喧哗，文明乘车。

⑧禁烟宣传

为了确保列车运行安全，维护车厢环境卫生，动车组列车各部位全程禁止吸烟，请旅客们配合。旅行中您有什么需要，请联系列车乘务员，愿我们用真诚的服务，给您带来一路好心情。我代表全体乘务人员衷心祝愿您旅途愉快。

⑨安全提示

动车组列车各部位全程禁止吸烟，请自觉遵守。为了确保安全，列车严禁携带易燃、易爆、腐蚀、毒害、放射性等危险品和管制刀具，如已经带上车，请及时报告列车工作人员妥善处理。列车运行速度很快，行走时，要扶好、走稳。取用开水时，请注意不要接得太满，以免烫伤。带老人和儿童旅行，要特别注意安全，不要让儿童跑动玩耍，以防意外。卫生间里有各种使用提示，遇有特殊情况，请按下紧急呼叫按钮(SOS)，寻求帮助。每个车厢都挂有安全锤(紧急破窗锤)，在紧急情况下可按图示使用。列车运行速度快，为了安全，行李架只能摆放小件物品，大件行李请放在车厢一端的大件行李存放处。列车上的火灾报警按钮和紧急制动按钮(阀)等仅供紧急情况下使用，请勿随意触碰，以免发生意外。

⑩旅客须知

现在向旅客们简单介绍动车组列车乘车的有关规定。乘坐动车组列车的旅客旅行中途站不能下车，如果下车，车票前程失效。随同大人旅行的身高1.2～1.5 m的儿童可购买儿童票，超过1.5 m就要购买全价票了。一位成人旅客可免费携带一名身高1.2 m以下的儿童，如果携带了两名身高1.2 m以下的儿童，超过的人数应购买儿童票。动车组列车车票最远只能发售到乘坐列车的终点站。规定乘坐动车组列车的旅客随身携带品的重量为20 kg，儿童10 kg，长、宽、高相加不能超过130 cm。

⑪避险知识介绍

出门旅行，安全最为重要。现在向您简单介绍乘坐动车组列车的一些避险知识。列车在运行中，一旦发生险情，千万不要惊慌，要在列车工作人员的引导下有序撤离，不要在列车运行中盲目跳车，以免发生不必要的伤亡。每个车厢我们都配备了灭火器，如果发现火情，首先要及时通知列车工作人员，在紧急情况下您可拔去灭火器的保险销，将喷嘴对准火源，用力压下灭火器上的鸭嘴阀灭火。如果是较大火灾，应按下车内的紧急火灾报警按钮和紧急制动按钮(阀)，列车会停车，并拉出每节车厢之间的防火隔断门(阻火门)进行隔离。此外列车还配备了应急梯(渡板)等应急用品。此外，每节车厢内有红点的玻璃窗均为紧急逃生窗，旁边板壁上配有紧急破窗锤，在列车突发情况时，列车工作人员会利用各种情况紧急疏散旅客。旅客们，增强应急意识，提高防灾避险能力，沉着应对突发事件，就能够避免或减轻灾害事件造成的损失。应急避险知识就介绍到这儿。

(2)服务监督用语

欢迎对我们的工作给予监督。您在旅行中如对我们的服务有什么意见和建议，请向列车长提出，也可拨打全国铁路客服电话12306，也可登录中国铁路客户服务中心12306网站发表您的意见。

(3)应急用语

①广播找人

现在广播找人，乘坐本次列车去×的×旅客，听到广播后，请到×号车厢，有人找您。

②紧急寻医求助

现在紧急求助，6号车厢有一位旅客突然晕厥，情况危急，我们全体乘务人员代表旅客患者求助寻医，哪位旅客是医务人员，请速到6号车厢协助救护，我们代表患者向您致以由衷的敬意！

③临时停车

列车现在是临时停车，请旅客们尽量减少在车内行走，带儿童旅行的旅客请注意看护好您的孩子，注意安全。

④列车长晚点致歉

我是本次列车列车长，由于设备故障等，造成列车晚点，现在已经晚点1 h 30 min。因列车晚点给您带来不便，我代表铁路部门向您表示诚挚的歉意。

⑤晚点免费送餐

由于列车晚点延误了您的旅行，我们深表歉意！现在为大家准备了免费食品，工作人员将按顺序送餐到位，请您稍加等候。

⑥重点旅客供餐

由于暴雪原因，造成本次列车受阻，开车时间暂时不能确定，铁路部门正在(与地方政府联系)积极采取措施进行抢修，并组织有关人员向我们列车运送食品和饮料。但是，由于道路堵塞，食品(救援物资)一时无法送达，列车上的食品只能暂时满足老人、儿童、孕妇等重点旅客，请旅客们给予谅解。我们将积极联系有关方面,尽快解决大家的饮食需要。

⑦个别车厢空调故障

现在3号车厢空调设备临时出现故障,系统不能正常工作,技术人员正在全力抢修。由于天气闷热(寒冷),给您的旅行带来不便,我们诚恳地向您致歉,并请您谅解,谢谢支持。

⑧启动热备车

本次列车发生设备故障不能继续运行,需要旅客们换乘另外一组列车,请协助整理好自己的随身物品,按先后顺序,排队下车转乘同一站台对面停留的列车(如在区间播:经由×号车门渡板到邻线对面列车,在渡板上行走时请听从工作人员指挥,按顺序有序通行,注意安全,特别要注意不要抢行,严禁拥挤),按照原有车厢、座席对号入座。如果您的座位号与原有车厢发生变化时,请按列车工作人员指定的座位号就座。如从高等级更换为低等级座席时,经列车和车站工作人员确认后到站退回差价,请给予理解和协助。

⑨火灾疏散

(车内疏散)

本次列车的7号车厢出现火情,请乘坐在7号车厢的旅客,紧急疏散到邻近车厢,疏散时不要拥挤、保持车厢通畅。其他车厢的旅客请不要走动,让开通道,帮助疏散过来的老人、儿童和行动不便的旅客。我们列车工作人员正在全力组织灭火,险情很快就会排除。

二、实训步骤

(一)实训前准备

1. 分组训练,指定组长,组织有序。
2. 确定评委,明确分工,强调职责。
3. 指定专人为计时员、统分员,并负责协助老师完成训练进程。
4. 纪律委员负责纪律,课代表负责组织协调。

(二)实训

1. 教师担任训练指导,提前一周布置并指导(确定训练小组,告知训练内容)。
2. 教师担任评分指导,第一次课布置并指导(确定评分组构成,告知评分标准)。

效果评价

声音形象塑造训练评分表

姓名		地点		时间	
实训项目	实训考查要点	分值	小组评分	教师评分	最终得分
声音形象塑造训练	语音标准程度	40			
	音量标准程度	20			
	语速合适程度	20			
	语气恰当程度	20			
合计		100			

典型工作任务二　语言表达能力训练

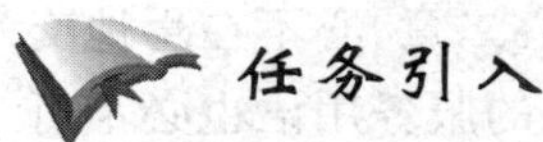

任务引入

旧时年关,有人在家设宴招待帮助过他的人,一共请了四位客人。时近中午,还有一人未到,于是自言自语:"该来的怎么还不来?"。听到这话,其中一位客人心想:"该来的还不来,那么我是不该来了?"于是起身告辞而去。其人很后悔自己说错了话,说:"不该走的又走了"。另一位客人心想:"不该走的走了,看来我是该走的!"于是也告辞而去。主人见因自己言语不慎,把客人气走了,十分懊悔。妻子也埋怨他不会说话,于是辩解道:"我说的不是他们"。最后一位客人一听这话,心想:"不是他们!那就是我了!"于是叹了口气,也走了。

请思考:

1. 这位主人的问题出在了哪里?

2. 如果你是主人,在第一句话说错后,会如何化解尴尬局面?

知识准备

一、语言表达的基本内涵及特点

(一)语言表达的基本内涵

语言是人们交流思想、联络感情的重要手段和工具。美国知名教授保罗·福塞尔曾经有句名言:"语言最能表现一个人。你一张口,我就能了解你。"高速铁路客运乘务人员每天和旅客打交道,语言是与旅客交流的重要手段。把文字说出口,是口和气的摩擦,但想要把文字说出情,还需要良好的语言表达能力。语言表达能力的高低直接影响着服务质量的好坏。想让语言与旅客产生共鸣,必须考虑语境,如场所、时机、对方心情等,还需要结合正确的仪态、微笑、眼神和手势。

(二)语言表达的特点

1. 规范化

客运服务语言表达具有规范化的特点,这是由客运乘务人员的职业特点决定的。在《铁路旅客运输服务质量规范》中,也明确提出了服务语言必须表达规范、准确的要求。

2. 实用性

客运服务语言表达是不能离开实用性这个特点的,不论是庄重简练的语言风格,还是诙谐幽默的语言风格,都需要以实用性为先决条件,确保高质量的旅客运输服务。

二、高速铁路客运乘务人员的语言表达要领

鲁迅先生说:"语言有三美:意美以感心,一也;音美以感官,二也;形美以感目,三也。"高速铁路客运乘务人员在服务过程中的语言运用既需要注意内容,同样也需要注意声音和体态。有以下表达要领需要掌握:

(一)态度诚恳、亲切有礼

客运乘务人员在与旅客交谈时,首先要把握"一切为了旅客"的原则,避免在谈话中过多使用第一人称,以免突出了自己,忽略了旅客。交谈中要给旅客认真、亲切、真诚的感觉。要"以情动人",虚情假意的语言会让旅客感觉到不适。如果客运乘务人员三心二意、心不在焉地交谈,那是失礼的表现,会引起旅客的反感。与旅客交谈时使用礼貌规范的服务用语也必不可少,如"请""谢谢""对不起""打扰了"等。

(二)措辞恰当、灵活

交谈时,客运乘务人员的用词需要随着不同的服务对象和服务内容选择最为恰当的。话要想清楚后再说,要避免在交谈中出现令旅客感到尴尬或避讳的字词。不同层次的旅客要对应不同的服务语言,用词选字要根据旅客的接受能力来确定。例如对小朋友就要选用简单易懂的服务用语,对老年人要有充分的耐心去解释,尽量避免使用专业术语,试着站在他们的角度上去考虑。这样就能保证说出来的话能被不同年龄结构和背景的旅客理解,旅客不会觉得"不知所谓"。

(三)体态语要谦逊、亲和

体态语言,又名"人体示意语言""身体言语表现""态势语""动作语言"等,是人际交往中一种传播情感与讯息的重要方法。客运乘务人员在与旅客交谈时应表现谦逊而又亲和的体态语(图 5-3),这不但能引发旅客内心的好感,还可以一定程度上稳定人们的焦躁情绪。而旅客情绪稳定,态度上积极配合,最有利于客运工作的顺利进行,也让旅客有回家的感觉。同时,在服务交往中,亲和的体态语也容易给客运乘务人员自身带来热情、主动、自信等良好的情绪氛围,可使客运乘务人员身心健康,可提高工作效率。最容易掌握的亲和体态语就是微笑,没有旅客会拒绝微笑服务。此外,谦虚善意的体态语亦会让旅客感受到尊重。

图 5-3　富有亲和力的体态语

(四)声音要温柔、动听

客运乘务人员作为服务工作者,说话发音要温柔、大方。语调的抑扬顿挫可以让旅客如沐春风,悦耳的声音可以增添个人感染力。这里的温柔、悦耳是适度的,客运乘务人员应根据自身条件寻找合适自己的语调和音量,否则也会让旅客感觉不舒服。

三、高速铁路客运乘务人员的语言表达方式

高速铁路客运乘务人员在为旅客服务过程中应使用恰当的服务用语，过于生硬的语言会引起旅客的反感。所以在客运乘务人员在进行工作状态下的语言表达时，应掌握以下几种表达方式：

(一)征询式

征询式语气是客运乘务人员在服务工作中使用频率最高的一种语气。在向旅客提出问题或要求时，客运乘务人员用征求意见的口气去询问，配合温柔和蔼的语气，会让旅客感受到自己得到了充分的尊重，自然也就会配合客运乘务人员的工作。在需要旅客配合服务工作的情况最常使用征询式语气(图 5-4)。询问时，客运乘务人员要灵活机动应用交谈方式。虽然帮助旅客或劝导旅客是好事，即便如此，也要充分征询旅客意见。如果询问结果不成，应当及时更换交谈方法，不要生搬硬套地只用一种交谈方法，以免造成与旅客关系紧张，不利于事情解决。常见征询式用语如：

图 5-4　使用征询式语气和旅客交流

请您不要在车厢内吸烟好吗？

我能帮您把行李放置到行李架上吗？

您需要帮助吗？

您有什么事情吗？

我能为您做点什么？

您需要热水吗？

您可以从这边过去吗？

请您出示一下身份证好吗？

(二)商讨式

商讨式语气是客运乘务人员在进行协调事情时经常用到的一种交谈方式。在与旅客交谈时用商量的语气，让旅客感受到充分的尊重，使其能配合或协助完成一项工作。在使用商讨式语气交谈时，要注意话语的恰当表达。为了不让旅客理解为“只有别人重要，我就不重要，我就应该让步”，应先肯定商讨的对象，然后再提出需要商讨的问题，要让旅客受到尊重的同时觉得自己也做了件助人为乐的好事。常见商讨式用语如：

如果您方便的话，能不能与后排的一位旅客换一下座位？

您看这样解决行吗？

(三)委婉式

客运乘务人员在服务旅客过程中，常会遇见一些不能直接劝说协调的问题，对于此类问题，可以应用委婉式语气与旅客交谈。对于无理取闹的旅客，客运乘务人员需要有更多的耐心，用婉转的语气劝导他。常见委婉式用语如：

请您原谅，安全锤是在紧急的情况下才使用的，所以请您不要随意玩耍。非常感谢您的配合！

对不起，衣帽钩是挂衣服和帽子的，请您把提包拿下来好吗？谢谢！

不好意思，请您说话声音小一点好吗？以免影响其他旅客休息，谢谢！

(四)恳 求 式

恳求式语气一般用于客运乘务人员处于弱势时，通过恳求的语言，以情动人，松懈对方的情绪，是一种斗智的心理战术。常见恳求式用语如：

没有听清楚旅客的要求时说："对不起，先生，您刚才的意思是……"

先生您好，能劳驾您帮我一起扶一下这个行李吗？

四、高速铁路客运乘务人员的语言表达技巧

高速铁路客运乘务人员在为旅客提供服务时，要给旅客营造一种真诚、亲切、自然的感觉，幽默而不低俗，机智而又不失礼，这就需要客运乘务人员掌握一些语言表达技巧。

(一)询问技巧

在客运服务过程中，客运乘务人员需要用礼貌的语言向旅客进行询问，有一些询问技巧需要掌握。

1. 直接询问型

直接询问方式是指客运乘务人员直接向旅客提出问题，请求旅客予以解答。这种询问方式既简单明了又节省时间，能方便快捷地获得答案，多应用于不会引起旅客不悦的纯服务类问题。常用的直接询问型用语如：

您需要帮助吗？

您需要热水吗？

请您出示一下车票好吗？

2. 诱导型询问

客运乘务人员在不想被旅客发现自己目的的情况下，可以采用诱导型询问。用引导思路的方式一步一步询问，辗转迂回，将旅客的思路引导至自己预定的方向上来，间接得到自己想要的信息。

3. 选择型询问

客运乘务人员向旅客提出问题时，将预计的答案一并提给旅客选择就是选择型询问。此种询问方式多用于征询对方的意见。选择型询问用语如：

女士您好，我们为您准备了鸡肉米饭和牛肉面条，请问您需要哪种？

4. 提示型询问

在不方便直接向旅客提出要求或建议的情况下，客运乘务人员可以采用提示型询问的方式去暗示旅客。提示型询问是一种比较委婉的交流方式，可以防止不必要的尴尬发生，达到轻松解决某些问题的目的。提示型询问用语如：

列车前方即将到达西安北站，您是否已经做好下车准备？

(二)回答技巧

在客运服务工作中，客运乘务人员的回答语言是否规范，直接反映了他们的服务态度和服务水平。亲切而又及时的回答可以让旅客感觉到他的问题被重视，人格被尊重。回答同询问一样，也需要技巧，并不是旅客询问什么，客运乘务人员就必须回答什么，先思而后答，机智、灵巧、礼貌才是真正的妙答。

1. 直接式回答

直接式回答是最常用、最普遍的一种回答方式。这种方式简单、直接，多用于旅客合理的简单询问。直接式回答用语如：

好的，我明白您的意思。

一定照办。

不要紧。

没关系。

2. 设定前提式回答

在回答旅客复杂或刁钻提问时，客运乘务人员不便将答案直接说出口或者不便直接回答，可以采用设定一个前提条件，或者假设一种环境的方法。设定前提式回答用语如：

旅客问："小姐，你身材这么好，怎么不去当模特呀，当乘务员不委屈了你吗？"客运乘务人员答："如果我去当了模特，谁在这给您服务啊？"

3. 答非所问式回答

在服务的过程中，客运乘务人员常会遇到旅客询问一些不便回答的问题，这时可以采用答非所问式的回避术，移开话题，规避尴尬。答非所问式回答用语如：

旅客问客运乘务人员："美女，你今年多大了？"客运乘务人员答："我已经参加工作好几年了。"

4. 否定前提式回答

在旅客提出的问题或阐述的观点需要被否定但又不能正面否定时，可以用否定前提式的方法给予回答。否定前提式回答用语如：

旅客问："同志，你们这车上哪里能吸烟呀？"客运乘务人员答："对不起先生，动车组列车全列各处所禁止吸烟，给您造成的不便敬请谅解。"

5. 无效式回答

无效式回答也是一种回避术，相当于什么都没有说但是也不失礼貌。在问题不能回答或没有必要跟随旅客的话题时，可采用无效式回答来打消旅客的继续发问。无效式回答用语如：

某男性旅客问："客运员美女，你电话号码是多少啊？"客运乘务人员答："不多，好几个。"

6. 将错就错式回答

有时旅客在交谈中，无疑间说错话，造成尴尬的场面，客运乘务人员可以将错就错，对旅客的话题进行弥补，给旅客找个台阶下，也能纠正旅客的错话。将错就错式回答用语如：

旅客问："服务员，你给我把脚底下的瓜子皮打扫一下吧。"客运乘务人员答："好的，这位旅客。也劳烦您把新产生的垃圾扔进椅背后的清洁袋内。非常感谢您对我们乘务人员工作的理解和配合。"

(三)拒绝技巧

客运乘务人员在为旅客服务时，对于旅客所提出的不合理要求，要注意拒绝的语言技巧。在拒绝对方应少用"不"字，应采取一些委婉的拒绝方式，但也要注意对旅客的尊重和礼貌。通常客运乘务人员的拒绝技巧有以下几种：

1. 直接拒绝式

用婉转的语言先感谢对方，再直接拒绝对方。直接拒绝式用语如：

谢谢您的好意。但是……

承蒙您的好意，但希望您理解。

谢谢您。不过很不巧……

2. 诱导对方自我否定式

诱导对方自我否定，是根据旅客提出的问题，用类似的问题引导对方，并用旅客的回答给予他自己的答复。诱导对方自我否定式拒绝用语如：

旅客问："你们铁路局每年能赚多少钱啊？"客运乘务人员答："您知道您公司每年能赚多少钱吗？"旅客答："不清楚。"客运乘务人员答："抱歉，我也一样不清楚。"

3. 推脱拖延式

推脱拖延式是通过将矛盾点转移，对事情处理或执行时间进行推延，以达到拒绝旅客不合理要求的目的。推脱拖延式拒绝用语如：

旅客问："我坐过站了，我要下车，我要下车。"客运乘务人员答："对不起，先生，为了旅客的生命安全，动车组列车只能在规定的车站停靠，不能随意停靠下车，现在只能将您带到下一个停靠站了，请您支持和谅解。"

4. 先同意后拒绝

先同意旅客的要求，而后设计一个补充条件，从而达到拒绝的目的。先同意后拒绝用语如：

旅客问："我已经坐了你们这次车好几次了，下次再坐你们的车，可以优惠一点吧。"客运乘务人员答："好的，先生。如果您符合相关优惠条件的话，您就可以优惠乘车了。"

5. 避实就虚

如果不愿意回答旅客提出的不合理问题，可以用避实就虚的方法来岔开话题，将回答的重点放在非问题重点的地方，即让回答模棱两可，又无懈可击，从而达到拒绝旅客的目的。避实就虚式拒绝用语如：

旅客问："小姐，你的服务态度真好，可以请你吃饭吗？"客运乘务人员答："很荣幸得到您的夸奖，这是我们应该做的，希望下次还有机会为您服务。"

五、与旅客交流应注意的事项

(一)基本要求

(1)距离要求：面对旅客，保持 45～100 cm 的适当距离。

(2)目光要求：注视对方以示尊重，但不要目不转睛地死盯着对方，也不可东张西望。

(3)站姿要求：可以采取稍弯腰或下蹲等动作来调节身体的姿态和高度。

(4)发音要求：发音标准，口齿清楚，声音有磁性。

(5)配合手势：有些客运乘务人员在碰到旅客询问地点时，仅用简单的语言指示，甚至努努嘴、挥挥手，这是很敷衍的行为。正确的做法是，运用明确和客气的服务指示语，并辅以远端手势、近端手势，在可能的情况下，还要主动走在前面给旅客带路。

(6)主动性要求：除了在上车时给旅客打招呼之外，在行车过程中遇到常旅客和 VIP 会员，也应主动问候表示欢迎；为一等座和商务舱旅客提供餐食时，应主动介绍餐食名称；无意影响或者撞到旅客，应主动积极表示诚挚歉意，取得对方谅解。

（二）需要避免的说话方式

（1）语言含糊，口齿不清，口音过重，令旅客难以理解。切忌结结巴巴，过多使用语气词，如“啊”“呃”“嗯”等。

（2）语速过缓，让旅客感觉很乏味；语速过快，旅客跟不上，无法理解。

（3）语气平淡，始终一种节奏，气氛沉闷；语气急躁，使用责怪的口吻，使旅客失去倾听耐心。

（4）在交流中使用过为专业的术语，给旅客一种距离感。如果必须要用，请做好解释工作。

（5）随意打断旅客说话，随便插话。认真倾听别人说话，这既是对别人的尊重，也是个人修养素质的表现。一个喜欢插话的人，不论在任何场所，都是一个不受欢迎的人。

（6）对旅客流露出厌烦的情绪，使用语言贬损旅客；和旅客交流时不停看时间；对旅客品头论足。这种行为不但招人反感，更会极大影响职业形象。

（7）不轻易许诺旅客。给旅客服务的过程中，或者是交流到有关集团公司的内容时，要谨慎言辞，切忌信口开河。说话之前要三思，有些话一旦说出口，旅客就会认为客运乘务人员说的事情一定能办到，如果做不到就不要轻易许诺，否则很有可能会造成投诉，影响个人甚至企业声誉。

（8）不轻易拒绝旅客。客运乘务人员在出乘过程中，经常会遇到形形色色的旅客提出各种要求，有些可以做到，有些会超出能力范围，难以答应。为了给旅客留有余地，也为了给自己留有思考和行动的余地，一般不要一口拒绝。要给自己留下退路或者回旋的余地。如果当场表态这个绝对不行，那个绝对不可，再想回旋已经没有机会了，这时会陷入被动的尴尬局面。不一口回绝，既能够显示对旅客的重视，也能利用时间争取主动权。当客运乘务人员实在无法满足旅客的要求时，应用婉转的语言告诉旅客，虽然不能满足他的要求，但可以用其他方式替代，然后征询旅客的意见，看这样的解决方式能否被接受。这样即使没能给旅客解决问题，旅客也会因为客运乘务人员诚恳的态度，而对其服务给予充分的肯定。

任务训练

一、场景设计

（一）实训目的和要求

1. 在朗读和情景对话训练中领悟语言表达要领，树立高速铁路客运乘务人员良好的语言形象。

2. 做好动员工作，强调训练要求，力求训练保质保量且全员全心参与。

（二）实训内容

1. 自由结组，选取以下情景中任意五个进行模拟对话表演。

（1）旅客随身物品的损坏

2015年元月，旅客张先生夫妇乘坐高速铁路从北京去往上海。在途中，张夫人向乘务员要了一杯咖啡。但当乘务员将咖啡端到张夫人面前时，发现张先生夫妇二人均已睡着，且张夫人将其黑色貂绒大衣盖在身上以保暖。在旅客不知情的情况下，该乘务员仍将热咖啡摆放到小桌板上。当张夫人醒来时，一不小心将热咖啡打翻在其貂绒大衣上。事后得知，该貂绒大衣非常昂贵，目前市场价值在 20 000 元以上。事发后，张先生立即打电话投诉，并提出如无法恢复到原样，就要求赔偿。

(2)旅客物品丢失和被盗

西安到郑州的 G×次列车上，10 号车厢 6 排 B 座的旅客小王从洗手间回到座位时发现自己放在小桌板上的平板电脑丢失。列车长和车厢乘务员按规定帮助其寻找未果，小王不满，认为列车长和乘务员处理态度不积极，故向车厢乘务员索要留言簿进行投诉。

(3)旅客随身物品的损坏

背景：北京南站试行无人陪伴儿童乘车。

2016 年 8 月，乘坐动车的 8 岁无成人陪伴儿童在到达目的地南京后，因乘务员工作疏忽，导致儿童自行下车，未与接站人员进行正常交接，在没有工作人员陪同下，儿童自行走出车站，且该小孩的随身证件袋遗失在车厢内，内有户口簿和其父亲的驾驶证。旅客要求铁路局处理此事件。

(4)旅客提出的不合理要求

旅客五人持一张车票和四张站台票要求进站候车。

①持票旅客行动不便。

②家长四人送孩子上学。

③因乘车人的行李物品过大，一人不易拿上车，需多人送行。

④无特殊原因，旅客坚持多人送站。

(5)旅客提出的不合理要求

春运期间，旅客小刘要乘坐郑州开往上海的 D×次列车回家，由于堵车，小刘到车站检票口时已经是晚上 22:37，车票上发车时间为 22:41。检票员告知其错过检票时间，小刘情绪很激动，强烈要求进站上车。

(6)旅客自身过错引起人身伤害的赔偿

×年×月×日广州到深圳 G×次列车上，有一旅客在双手梳理头发时，坐于其大腿上的 23 个月男孩因重心不稳摔倒在地上，头碰巧撞在座椅下的行李挡杆上，额头被划出 2 cm 的伤口，当场流血不止。

(7)旅客车票重号

×年×月×日广州到深圳 G×次列车上，两位旅客持票均为 9 号车厢的 12C，两人争执无法就座，车厢内旅客较多造成过道拥挤，9 号车厢多名旅客站在过道上。

(8)旅客要求免费升级座位

×年×月×日广州到深圳 G×次列车上，二等座旅客向乘务员要求免费升为一等座。

①提出要求的旅客为普通旅客。

②提出要求的旅客为行动不便的残疾旅客，并有一名普通旅客陪伴。

(9)列车中途停车导致旅客抱怨

×年×月×日，重庆开往广州的列车由于躲避过往列车，在中途停车等待，中途停车达

3 h,由于天气闷热,列车的气氛立即变得非常憋闷,有些旅客按捺不住着急的心情,开始抱怨起来,甚至有的旅客骂骂咧咧。

2. 针对以下话题进行普通话说话练习。

(1)我的职业理想。

(2)学习普通话的体会。

(3)我的成长之路。

(4)我的业余生活。

(5)我所在的集体。

二、实训步骤

(一)实训前准备

1. 分组训练,指定组长,组织有序。
2. 确定评委,明确分工,强调职责。
3. 指定专人为计时员、统分员,并负责协助老师完成训练进程。
4. 纪律委员负责纪律,课代表负责组织协调。

(二)实　　训

1. 教师担任训练指导,提前一周布置并指导(确定训练小组,告知训练内容)。
2. 教师担任评分指导,第一次课布置并指导(确定评分组构成,告知评分标准)。

效果评价

语言形象塑造训练评分表

姓　　名		地点		时间	
实训项目	实训考查要点	分值	小组评分	教师评分	最终得分
实用高速铁路客运乘务人员服务情景及说话训练	语言表现力	40			
	自然流畅度	30			
	语言亲和力	30			
合　　计		100			

复习思考题

1.“声音美”的基本要求有哪些?
2. 如何应用“胸腹式联合呼吸法”进行气息训练?
3. 规范服务语音的要求有哪些?
4. 请简要描述高速铁路客运乘务人员的四种语言表达方式。
5. 高速铁路客运乘务人员在与旅客交流中应注意哪些事项?

参考文献

[1] 刘永俊,陈淑君. 民航服务礼仪[M]. 北京:清华大学出版社,2009.

[2] 李琴. 空乘人员化妆技巧与形象塑造[M]. 北京:旅游教育出版社,2013.

[3] 张旭,卢意,杜青. 空乘服务礼仪[M]. 北京:国防工业出版社,2013.

[4] 洪涛. 空乘人员仪态与服务礼仪训练[M]. 北京:旅游教育出版社,2011.

[5] 甘迎春,褚宇泓. 化妆基础[M]. 北京:清华大学出版社, 2014.

[6] 宋婷. 化妆造型核心技术修炼[M]. 北京:人民邮电出版社,2015.

[7] 吕志军. 民航乘务服务礼仪[M]. 北京:中国民航出版社,2015.

[8] 刘泽宁. 美容师教程[M]. 北京:中国劳动社会保障出版社, 2017.

[9] Milady. 国际美容护肤标准教程[M]. 马东芳,译. 北京: 人民邮电出版社, 2016.

[10] 王聪敏, 杨蓉娅. 皮肤美容与护理[M]. 北京:北京大学医学出版社, 2018.

[11] 张秀丽, 赵丽, 聂莉. 美容护肤技术[M]. 北京:科学出版社, 2019.

[12] 桃子. 邻家女孩的四季护肤秘籍[M]. 北京:新世界出版社, 2009.

[13] 中国铁路总公司. 铁路旅客运输服务质量规范(车站部分)[S]. 北京:中国铁道出版社,2016.

[14] 中国铁路总公司. 铁路旅客运输服务质量规范(列车部分)[S]. 北京:中国铁道出版社,2016.

[15] 潘自影. 高速铁路客运服务与礼仪[M]. 成都:西南交通大学出版社,2015.

[16] 吴弘毅. 实用播音教程(第 1 册):普通话语音和播音发声[M]. 北京:中国传媒大学出版社,2002.

[17] 金恒. 民航服务与沟通[M]. 北京:化学工业出版社,2013.

[18] 陈俊琦,张兵,倪克蓉. 实用礼仪与形象塑造[M]. 重庆:重庆大学出版社,2017.

附录　陕西省高职院校交通运输类专业技能大赛——服务礼仪评分标准（职业形象及沟通艺术部分）

<table>
<tr><th>序号</th><th>项目</th><th>性别</th><th>目　　标</th><th>评分标准</th><th>分值</th><th>本项得分</th></tr>
<tr><td>1</td><td>表情</td><td>男女适用</td><td>传递交通运输行业从业者的专业度、可信度和被喜爱度</td><td>(1)展现交通运输行业微笑服务的魅力，富有亲和力
(2)目光热情柔和，能够消除陌生感，缩短距离，使人感到亲切、温暖
(3)表达出对旅(乘)客服务的真情实意</td><td>30</td><td></td></tr>
<tr><td rowspan="2">2</td><td rowspan="2">着装</td><td>女</td><td>表达鲜明的交通运输行业文化元素，彰显出职业女性的优雅得体、稳重自信</td><td>(1)符合交通运输行业着装标准
(2)制服整洁、合体、挺括
(3)丝巾与脸型、制服和谐，美观大方
(4)丝袜平整、无抽丝破损，袜口未露出裙外
(5)皮鞋鞋面整洁干净、光亮、无破损，与服饰匹配</td><td rowspan="2">20</td><td></td></tr>
<tr><td>男</td><td>表达鲜明的交通运输行业文化元素，彰显出职业男性的干净利落、稳重自信</td><td>(1)符合交通运输行业着装标准
(2)制服整洁、合体、挺括
(3)领带端正、挺括，外观上呈倒三角形，领带长度、位置、佩饰符合标准
(4)黑色、深蓝色、深灰色等深色系袜子
(5)皮鞋鞋面整洁干净、光亮、无破损，与服饰匹配</td><td></td></tr>
<tr><td rowspan="2">3</td><td rowspan="2">发型</td><td>女</td><td rowspan="2">烘托交通运输行业文化元素，彰显交通运输行业从业者的个人气质和精神状态</td><td>(1)符合交通运输服务人员发型标准
(2)长发：发束于头中部，发髻高度在双耳垂连线处，发花高度与双耳上缘对齐；短发：前不遮眉，露出双耳，后不过领；发型设计与妆容、脸型一致，体现美感，整体发型显质感，一丝不乱
(3)戴帽：不留刘海，帽檐在眉毛上方1～2指位；脱帽：刘海在眉毛之上
(4)黑色、栗色、深棕色发色</td><td rowspan="2">10</td><td></td></tr>
<tr><td>男</td><td>(1)符合交通运输服务人员发型标准
(2)头发清爽，干净，前发不过眉，鬓发两侧不过耳，后发不过衣领，发型设计与脸型一致
(3)戴帽：帽徽端正，帽檐在眉毛上方1～2指位；佩戴端正
(4)黑色、栗色、深棕色发色</td><td></td></tr>
<tr><td>4</td><td>妆容</td><td>女</td><td>彰显交通运输行业服务人员的精神面貌及职业形象</td><td>(1)符合交通运输服务人员妆容标准
(2)妆容精细淡雅，能够扬长避短，皮肤修饰细腻、健康、有光泽，化妆痕迹不明显
(3)彩妆用色均匀自然，与制服、佩饰协调统一</td><td>10</td><td></td></tr>
</table>

续上表

序号	项目	性别	目　　标	评分标准	分值	本项得分
4	妆容	男	彰显交通运输行业服务人员的精神面貌及职业形象	(1)符合交通运输服务人员妆容标准 (2)皮肤修饰洁净、健康,有光泽 (3)胡须、鼻毛、耳郭清理干净	10	
5	沟通艺术	男女适用	诠释交通行业的服务宗旨和服务理念,用心沟通	(1)普通话标准 (2)使用交通运输行业服务用语,表述清晰、准确、连贯、得体,没有语病 (3)音量适中,男声磁性,女声柔和,富有亲和力	30	
总　　分						